译文坐标

日本人为什么不再被狐狸骗了?

日本人はなぜキツネにだまされなくなったのか

〔日〕
内山节
—
著

熊韵
—
译

上海译文出版社

目 录

前言

曾经，我无论去哪儿都会随身携带钓竿。就算不是以钓鱼为目的的出行，也会把钓竿放进包里，等办完事，再到周边寻觅马苏大麻哈鱼、红点鲑栖息的河流。

我在许多村子的旅舍住过。虽然二十五年多前，我写过一本《从山村垂钓说起》（1980），但比起心无旁骛地钓鱼，我更爱在有人居住的村子小河边一面垂钓，一面欣赏山与农田、农家交织的风景。我中意的并非"溪流垂钓"，而是"山村垂钓"。入夜后，在附近寻找住处，总会有在河边结识的村民邀我同往。有时我也会坐在农田旁听村里人讲故事。近来，我很少再携带钓竿出游，因为每年约有半数时间都住在群马县的上野村，跟住在东京的时间持平。20 世纪 70 年代初，我外出寻访可供钓鱼的山村时，首先找到的就是上野村。

滞留在山村里，总会听村民们说起昔日被狐狸骗的趣事，因为数量太多，听多了也就见怪不怪了。除了狐狸，偶尔也会出现狸猫、貉、黄鼠狼等戏弄人的逸话。

可仔细一问，那些事都发生在1965年（昭和四十年）以前。1965年以后，曾经大量存在的"狐狸骗人"的传闻忽然绝迹于日本社会，且几乎同时在各地消失。

究竟是为什么？这个问题就是我写作本书的源头。为何从1965年起，狐狸骗人的故事不再有新的产出？1965年的日本社会究竟发生了什么变化？我想试着逐步揭开这个谜底。

在我的计划中，本书的副标题该是"历史哲学绪论"。因为在不断拷问"为何不再被狐狸骗了"的过程中，必然要涉及往日的自然与人类的历史、村落的历史、人与自然的交流史，并深入民众的精神史。由此，必须从一般的历史学出发，重新捕捉那些"看不见的历史"。我意识到，必须在历史哲学的范畴内，重新考察"历史是什么"。

本书就是围绕这些问题意识展开的。我们为何会失去那个不断催生"被狐狸骗"的故事的历史？我们眼下生活的历史世界又是什么样的？

但愿本书能助力读者思考"我们所处的当下"。

第一章　狐狸与人

一

过去，日本凡有狐狸栖居的地方，必然流传着许多"人被狐狸骗"的故事。这些故事离当下并不遥远。在距今[1]五十多年前，即 20 世纪中期为止，被狐狸恶作剧、被狐狸捉弄的故事还随处可见。另外有些内容（比如被狐狸魅惑的"狐惑"传闻）跟本书主题无关，在此只能割爱。

不过，以 1965 年为界，日本社会突然再也没有产出"被狐狸骗"的新故事。这是为什么？本书打算由此展开分析，并通过这件事来解释历史哲学（而非历史学）究竟是什么。

我出生在东京的世田谷区，从小生活的环境就与狐狸无缘。住房周围没有农村，取而代之的是大片住宅区，那时的世田谷已经变成东京的郊外住宅区，不复战前的村落模样，也根本不像是有狐狸出没的地方。住在这种郊外，我上小学以前就爱上了钓鱼。离我家较近的河流是多摩川，二十岁以后，我时常自己开车到山间地带去钓马苏大麻哈鱼和红点鲑。

从北海道至九州，我曾在形形色色的河流里垂钓，在各式各样的地方停泊。钓鱼人聚集的旅店里，入夜后总有附近居民与店里人闲聊，其中就有人说起狐狸骗人的逸闻，不知不觉，我也养成一个习惯：每到一个地方，就会询问当地人与狐狸关系如何。

然而，人被狐狸骗的传闻虽多，却都发生在 1965 年，即昭和四十年以前，无论哪个地区都一样，以1965 年为界，再也没有新的故事产出。

1　本书初版于 2007 年发行，故文中提到的"距今""近来"等表示时间的词，皆以 21 世纪 00 年代为基准。——译者（本书注释如无特殊标识，皆为译注）

于是，我开始向各地人提问：为何自 1965 年起，人们不再被狐狸欺骗了呢？面对这个问题，人们总会沉思片刻，再告诉我答案。当然，这些答案没有社科专业要求的"科学性论证"，只是村里人自己的想法。说到底，若要追求科学性论证，本书的主题从一开始就无法成立。读者想必也已发现，"人被狐狸骗"这个假设本身就与科学性论证相悖。我只知道过去的日本人觉得"被狐狸骗"理所当然，或者说，他们生活在这种人与自然的关系中，经历了许多类似的故事。就算有证据表明以 1965 年为界，此类故事不再更新，也没人能证明这些故事本身是否属实，又或者该说，这些事根本无法论证。

二

话说回来，自古以来，生活在日本的人好像都能从狐狸等自然界生物身上感受到超越人类的力量。他们相信，这些生物具有人类没有的能力。

若要更准确地解释，就比较复杂了。例如平安时代 1 中期，中国的"阴阳五行思想 2"传入日本后发生变化，催生了阴阳道。那是阴阳师安倍晴明大显身手的时代。

与晴明有关的传说故事里，鸟类和动物大都拥有特殊能力，但这种能力并非它们本身所有，而是式神"降临"，附身于鸟类、动物，借由动物身体驱动特殊力量。这种能力不属于动物，而属于"降临"的"神"。

安倍晴明是实际存在的人物，生活在公元 1000 年左右的京都。以京都为中心，日本全国各地都修建了晴明神社。近年来，诸如《安倍晴明》（斋藤英喜，2004，Minerva 书房）之类的优秀研究著作接连面世，过去的故事集《今昔物语》3《宇治拾遗物语》4 里也有晴明的身影。他并非昙花一现的人物，反倒在死后因后

---

1 平安时代：日本史的时代划分之一，从桓武天皇迁都平安京（794）至镰仓幕府成立（1192）之间的时代。

2 阴阳五行思想：由中国春秋战国时期出现的阴阳论与五行思想结合而成，被用来解释更加复杂的世相。

3 《今昔物语》：指《今昔物语集》，成书于平安末期的故事集。共 31 卷，但第 8、18、21 卷散佚。编著者不详。

4 《宇治拾遗物语》：成书于镰仓初期的故事集，编著者不详。

人的附会装点而成为传说。进入江户时代[1]，民众开始相信，晴明之所以能力卓绝，是因为他母亲是信太之森的狐狸葛叶。甚至有一首据说是他母亲吟咏的和歌流传于世："君若思念，请来相见，葛叶含恨，和泉信太之森。"[2]顺带一提，传说中晴明的出生地有两处，一是大阪的和泉，一是关东的茨城。

由此看来，式神降临时驱使动物使用"超能力"的观念，历经镰仓以后的民间传承，进入江户时代又发生了改变：晴明之所以拥有"超能力"，是因为他母亲是只狐狸，亦即他体内有狐狸的血脉。后者内藏的观念是狐狸拥有超越人类的力量。江户时代，晴明与葛叶的故事主要在江户、大阪等都市出版，并被搬上舞台，这些都市居民则是由村落源源不断地"补充"过来的。例如江户，就是一个面积不断扩大，人口也在不断增加的都市。这个故事就此在江户民众心中扎下根来。

---

1 江户时代：从德川家康在江户建立幕府（1603）到德川庆喜大政奉还（1867）之间的时代。

2 原文为"恋しくば尋ね来てみよ和泉なる信田の森の恨み葛の葉"。和歌音节一般为五七五七七，故译文未按绝句或律诗翻译。

那么，晴明实际活在一个怎样的世界呢？那是平安中期的朝廷世界，是贵族们的世界，支配者们的世界，也是国家掌控的世界。儒学的存在是为了用理论证明国家的正当性，道教、佛教也是在这个前提下被赋予解释、不断发展。我们都知道，佛教从国家护持、贵族们的个人救济理论中逐渐脱离并孕育出大众佛教，就是在平安末期到镰仓时代[1]。

在这个支配者的世界里，"天—王—臣—民"的关系被视为遵天命而行的合理法则，王权来自天意，因而被正当化。日本文化重视天意，即神灵的世界，当这些"神"降临于人世，动物也可以拥有"超能力"。

换句话说，这种理论是在古代国家的运营者、支配者们的意志下形成的。

但无论在哪个时代，这样的人都不是多数派。真正的多数派，是那些在村里耕地、在都市或村庄勤劳谋生的人。对他们来说，镶嵌在"天—国家"理论中

1　镰仓时代：具体成立的时间有多种说法，一般是指源赖朝消灭平家、掌握全国军事警察权（1185）到北条氏灭亡（1333）之间的时代。是日本历史上最早出现的武家政权。

的阴阳道根本不属于自己。如果要使用阴阳道，就得把它重新改造成适合自身环境的东西。

在晴明大展身手的时代，出现了一群为民众占卜、祈祷的人。与支持国家的晴明不同，他们是"非国家"一方的"阴阳"实践者。这些活动后来与大众佛教、修验道[1]、古神道[2]等结合，或是与之形成密不可分的关系，逐渐缔造出属于民众的灵魂世界。在这个过程中，出现了与事实相左的晴明传说，晴明之母葛叶也在传说中登场。这意味着，在民众心里，葛叶不是降临人世的"神"，而是一只"有灵力"的狐狸，是"超能力者"。

三

谈及日本时，我总会产生一种危机感，害怕人们

1　修验道：在山林中修行以期开悟的宗教，是由日本固有的山岳信仰与神道、密教、阴阳道等混合而成。中世出现了真言宗当山派、天台宗本山派两股分支。
2　古神道：一是指日本未受外来宗教影响之前的原始神道、神灵信仰。二是指江户时代的复古神道。三是指在江户时代复古神道的基础上，由幕末到明治时期出现的神道派新宗教运动。此处是指第一种。

把日本看作一个单一的整体。历史中的晴明为保护国家而观察天体运行、利用式神与祭文修行阴阳道；大众传说里的晴明则是葛叶之子。二者间的差异是精神世界最深层的差异，也是灵魂世界的差异。可以说，这两个晴明拥有完全不同的历史世界与灵魂世界，代表了生活在不同灵魂历史中的两种人群。

江户时期的儒学及与之相关的国学[1]中，出现了超越这种差异的"日本人论"，正是在这种历史观的普及之下，才有了明治以后的日本。这可谓一种政治性的产物，我们首先要摆脱这种"被禁锢的精神"，才能以自由的目光去看待生活在村落里的居民们精神上的、灵魂中的世界，以及这世界里狐狸与人的关系。

四

不过，在人类眼里，会骗人的动物并非只有狐狸。

---

1 国学：通过研究《古事记》《万叶集》等日本古典著作来研究日本固有的思想与精神。国学兴起于江户中期，由荷田春满、贺茂真渊、本居宣长、平田笃胤等人建立并发展。

除了狐狸，还有狸猫、貉（貛）、白鼬，有时还有黄鼠狼。我每年有一半时间住在群马县的上野村，那里有种人称"尾裂"[1]的动物。当然，这类传说中出现的动物也有地域差异，四国流传的故事以狸猫为中心，几乎没有狐狸骗人的例子。首要原因就是狐狸在四国属于稀有动物，很少有人见过。当地甚至有个传说称，狐狸因触怒弘法大师[2]，被放逐于四国之外。另外，北海道的狐狸也不在本书的讨论范围之内。因为北海道原本是北方原住民生活的地区，这些原住民与动物之间有其独特的交流方式。所以，本书只讨论"和人"[3]的世界。

　　接下来回到刚才的话题。从前的日本，有很多动物都会捉弄人类，但尾裂的情况稍有不同。首先，尾裂不一定是真实存在的动物。20世纪80年代，某村

1　尾裂：原文为"オオサキ"，是一种传说中的动物，又称"オサキ"（御先、尾裂、尾先、尾崎）。一般被认为是一种狐狸。

2　弘法大师：指空海，平安初期的僧人，日本真言宗的开山祖师。曾东渡大唐学习佛法，后回国开辟高野山金刚峰寺。尤善书法，被誉为"三笔"之一。

3　和人：北海道原住民阿伊努人对日本人（大和人）的称呼。

有人曾捉到一只尾裂，我也去瞧过，感觉是只大型的黄鼠狼，但那村民一口咬定就是尾裂。那么尾裂究竟是什么呢？

民间认为，尾裂会潜入村民的家（房子）中，也就是偷偷住进别人家里，但人看不见它，也没法知道它究竟在不在。

吃饭时，如果有人饮食习惯不好，敲响了餐具，住在家里的尾裂就会闻着味儿跑出来。当然，因为没人能看见它，也不会发现它的存在。尾裂会偷吃人类的食物，吃掉精华（ミ·mi），只留下躯壳（カラ·kara）。一无所知的人类则会吃下那些食物的躯壳，虽然看着还是食物，但只是虚有其表，无法提供营养。

以上就是尾裂的惯行之一。村里大人训孩子的时候总说："习惯不好会招来尾裂哦。"

说到这里，我还要提一句，在日本传统观念里，进食就是汲取食物的精华。精华也写作"魂"或"灵"。换句话说，进食就是吸收生命之本。与之相对，躯壳是存放精华的容器。人类只能看到食物的躯壳，为了吸收精华，必须连同躯壳一起食用。日本传统的餐桌礼仪要求进食时保持安静、严肃，而不像欧洲那样其乐融融地享用食物。这是因为进食就是在汲取精华，亦即吸收其他生物的生命，使之成为自己的生命。从这个意义上讲，进食即摄取别的生命。

所以我们必须感谢那些为我们牺牲的生命。在日本人眼中，粮食不是神赐予的，而是人从生命世界、灵魂世界中获取的，因此进食时祈祷的对象不是神，而是灵魂世界。或者该说，日本人信奉的不是绝对唯一的神，而是形成灵魂世界的所有神灵。正是在这种精神底蕴之上，才有了日本的餐桌礼仪。既然要表达诚惶诚恐与难能可贵，就必然要制造出严肃的氛围。

随着近代化[1]的发展，人们进食时摄取的东西由生命变成了营养，人类汲取其他生命之精华（ミ·mi）供自己生存的感觉也逐渐消失，传统的餐桌礼仪随之

---

1 近代化：日语语境中"近代"始于明治时期，因此英语的"modernize"对应于明治时期的"文明开化"进程时一般译为"近代化"，与二战之后的"现代化"有所区别。中文语境中一般统称为"现代化"。——编者注

衰落。尾裂想必就是这么一种架空的生物，旨在告诉我们灵魂世界的存在。

除此之外，尾裂还有一种极具特征的行为。它喜欢秤。只要有人拿出秤来，尾裂就会坐到秤上。纵使如此，人类依然看不见它。

过去，总有做买卖的中间商跑到村子里收购货物。养蚕地区的生丝是最有代表性的物品，药草有时也是收购的对象。中间商会取出秤来称重。秤，就是一根50厘米左右的木棒，一端悬挂称重用的盘子，另一端挂秤砣。一旦尾裂发现了秤，就会坐上去。如果它喜欢坐在货物一端，就会每次都坐这端；反过来，如果它喜欢坐在秤砣这端，也会一直坐在这端。到头来，尾裂总是坐在货物这端的农家，能以较少的货物换得相对更多的钱财，由此获得多余的收入；相反，尾裂总是坐在秤砣一端的农家，则要用更多的货物换取相对更少的收入。时间一长，就算两家人一样地劳作、生活，其中一家也会越来越富，另一家则会越来越穷。

以前常有被除尾裂的仪式。举办仪式的自然都是越来越穷的家庭。村民们都会出席仪式，把尾裂赶出这个家。整个过程十分严肃，绝不能用开玩笑的心态谈论。

不过，这故事显得有些工整过头。所谓村子，就是一群固定成员居住的地方。从生到死，甚至包括死后，都是同样一群人生活在一起。当然，这个过程中也会有人离开村子，有人加入村子，但从宏观上看，村子，就是一群固定成员形成的社会。然而在这样的村子里，如果邻居家做了什么新买卖大获成功，自家却因固守传统而失败，由此造成的差异尚能使人接受；但若两家都做一样的买卖，经济差距却日益拉大，就很容易让人不满。两家人也势必滋生嫌隙，进而影响村子整体氛围。

在这个紧要关头，尾裂作为捣乱的罪魁祸首登上舞台，充当的角色也着实高妙。不过，村民们之所以严肃地举行被除尾裂的仪式，也是因为他们还活在传统观念中，相信看不见的生命与灵魂在不间断地影响自己所处的世界。

五

抛开尾裂不说，其他动物骗人的方式都大同小异。但狐狸的手段显然更加高级，人们好像都默认狐狸拥有其他动物没有的能力。因此，下文只介绍与狐狸有关的案例。

狐狸骗人的故事，一般分为几种类型。其中有些例子与其说是狐狸骗了人类，不如说是人类败给了狐狸的能力。

狐狸十分了解自然的变化与人类的行动。因此，我们总能听到这样的故事。村民为了寻找松茸、灰树花菌之类能卖高价的菌菇，一大早就带着便当进山，走在山间的小路上。这时，他们选择的山路往往不是登山道那种修整过的路，而是只有本地人知道的险峻小道，途中还须在岩石上攀来爬去。

在这种地方，人一般会先伸长手臂，把便当等随身行李放在岩石上，再用两手攀上岩石。狐狸等待的就是此刻。当人把便当放上岩石后，狐狸会立刻窜出来叼走便当。待人攀上岩石，往往只能看到狐狸的背影，也有人连个背影都看不到，只发现自己的便当消失不见。这时，人就会觉得自己被狐狸骗了，或是遇上狐狸的恶作剧了。

也有下面这种情况。去邻镇买东西的村民或旅人傍晚在山路上疾走。到达垭口时，山壁间大都会出现一条羊肠小径。穿过小径，总会遇上天气或气象突变，先前明明还挺暖和，穿过小径立刻有冷风袭来，甚至遇上暴风雪。

遇上这种事，人类总是会先放下手上的行李，扣紧上衣纽扣，整理着装，狐狸等的就是这个时机。当人类把注意力放在衣服上时，狐狸就会瞅准空当，叼起人脚边的行李——里面大都是食物之类的东西——逃走。当村民反应过来是狐狸的把戏时，又只能悔不当初了。

如果把上述故事称为类型一，那么类型二往往是下面这样。过去，内陆的村子见不到海里的鲜鱼，一般只能见到腌过的海鱼，比如咸鲑鱼，风干的秋刀鱼、沙丁鱼、鲹鱼等。这些鱼类也不是一年四季都能买到，而是某个时段突然在村里某个店铺大量出现，村民们听说后就会赶去购买。

某天，村里有家店铺突然到了一大批风干的秋刀鱼，有户人家的孩子奉父母之命，骑自行车去店里买鱼。那时的鱼都是按箱买卖，小孩儿把鱼放在自行车的载货架上，用绳子捆好后出了店门。回家路上，自行车的踏板突然变重，小孩踩着踩着就踩不动了，想着"究竟怎么回事啊"，下车在昏暗的夜路上检查车子的情况，却没发现任何异样。当小孩再次骑上自行车时，车子很顺利地动起来了。"啊，太好了！"小孩一边想着，一边飞速往家里赶。终于到家时，却发现先前紧紧绑在载货架上的鱼箱不见了。"糟糕，上了狐狸的当！"原来自行车踏板之所以变重，都是狐狸搞的鬼。

这种故事跟类型一相似，有许多事迹可循，据说以前村里几乎人人都遇到过。虽然大多例子发生在运输鱼的过程中，但也有案例表明有其他食物被偷，还有人在步行途中被狐狸"打劫"。比如走着走着，脚步突然变重，一步也迈不动了，只好坐在路旁休息，昏沉沉地打起瞌睡来。等到终于醒转，却发现随身行李不翼而飞。

疑心重的人听了类型二的故事或许会怀疑，这真的是狐狸干的吗？对这个问题，我无意追究。在过去人们生活的世界里，无论这些事本身是否属实，都足以证明，村民们日常总能感觉到狐狸的存在，也从未怀疑过这类故事的真伪。

接下来再看类型三。这种类型里，狐狸总是幻化成人、欺骗人类。过去的村落里常出现类似的故事，很多人也因此被狐狸骗。一个村民走在傍晚的小路上，发现一个旅人迎面走来，两人聊了会儿天，旅人拿出豆沙包请村民吃。那豆沙包非常美味，村民一边啃一边往家里走。到家后，家人却大惊失色，问他："为什么要吃马粪？"村民回过神来，才发现手里的豆沙包是搓圆的马粪。

在人还会被狐狸骗的年代，农村、山村里还有许多农耕用的牛马，于是就有了以下这类具有代表性的故事。事情果然还是发生在黄昏的路上，村民在路上遇到一位旅人，听说前面不远处有温泉，心下怀疑，却按旅人说的去看了看。没想到河滩上真有温泉涌出，村民忍不住泡了进去，感觉很舒服。没过多久，忽然听到有人喊他："喂，这么冷的天，你在河里干啥呢！"回过神来，他居然泡在冬天的小河里。

这种类型的故事还有许多变体，比如同样有人在路上遇到一位旅人，得知一条近道，循着那条道走去，却在山里徘徊了一夜；又比如有人从旅人手中拿到了豆沙包之外的东西；或是在路上遇到一个女人，发生了一些怪事，等等。不必说，旅人和女人都是狐狸的化身。

最后一种类型，也就是类型四，稍有些麻烦，可以说它的手段比前三种都要高级。下面是一个例子。

利根川中游有片河滩是垂钓胜地，钓鱼人总是在那里待到天黑，然后穿过昏暗的河滩草原回家。草原里有条被人走出来的小道。

某天，一个钓鱼人打那条昏黑的河滩小道回家，路上看到一人从远处走来。靠近才发现那人好像也是来钓鱼的，他手持钓竿、提着鱼笼，大概是住在反方向吧。这样想着，两人擦肩而过时，对方却停下脚步搭话。这种时候，钓鱼人之间的对话大抵都是询问对方"收获如何"等等。

果然，对方问："你收获如何?"钓鱼人答："也就凑合，只钓到几条。"一般而言，钓鱼人收获不错的时候都会自满，但回答时总要习惯性地谦虚一下。

"真厉害啊。我一条也没钓上来。"对方这么说。钓鱼人嘴上虽然在应和，"哪里哪里，我只是恰好运气不错"，心里却禁不住骄傲起来，心情也更好了。对方继续吹捧："哎呀，你真了不起啊! 不像我，一直钓不到，还以为这河里没鱼呢。"钓鱼人一听，更加飘飘然。当对方提出"能让我看看你钓的鱼吗"，钓鱼人很自然地打开鱼笼，一边说"也不是什么稀罕品种"，一边展示给对方看。对方伸手去抓鱼，说："哎呀，这可真是了不得！"钓鱼人高涨的情绪也升至顶点。就在此刻，对方忽然变回狐狸模样，带着到手的鱼钻过草丛逃走了。钓鱼人这才意识到："糟糕，上当了！"

因为这片河滩上经常发生类似的事，渐渐地，钓鱼人都知道了狐狸的存在。为了守住自己钓到的鱼，他们若是在回家路上见到别的钓鱼人，总会按住自己的鱼笼，一言不发地疾步离去。即使对方来搭话也不会回答。

但再怎么小心，也总有人钓的鱼被狐狸骗走。狐狸有时会变成女人或小孩，有时变成老太太，有时又变成迷路的旅人、警察或建筑工人，满嘴花言巧语地骗走鱼。虽然狐狸幻化的模样不同，但有一点不变：鱼一到手，它就会现出原形逃走。

即使事先把"某地有狐狸骗鱼"的事散播开去，依然会有人上当受骗。这就是第四种类型。据说有的狐狸会当着人的面幻化为人，但依然能骗到对方。这种狐狸被当地人称为"智者"。

六

不过，在人类还会被狐狸骗的时代，人们更容易从山中世界感受到各种生命的存在。比如，我在群马县上野村的家附近，有座名为"天狗岩"的山，不说也能猜到，它是天狗栖息的地方。从前有种名为"鸦天狗"的鸟类，是头戴乌帽子[1]、脚穿小木屐在天上飞的乌鸦。河里还有河童出没。虽然以上生物都是虚构的，置之不理也很容易，但把以下内容记住也无妨。

沿河流上游行走，河滩上有块大岩石，上面祭祀着一座很小的神社。日本人习惯把自然界的物体视为祈祷的对象，比如修验道把各种"灵山"山体视为"御神体"，有些地方把大树视为神灵，有些地方把水视为"御神水"，类似的情况并不稀奇。在他们看来，并非神灵降世、寓居于自然界，而是自然界里的生命就是神灵，神灵的"生命"又化作岩石、水、山等显

---

1 乌帽子：一种黑色的袋状帽子，早期是日本贵族男子成年后的礼帽，自奈良时代到近世逐渐在庶民阶层中普及。

现在人类面前。在官方的"日本"神话里，神灵从天而降，子子孙孙也都是神灵；但村民眼中的神灵世界与之截然不同。

山神、水神、田神……村落的世界就是神灵的世界，也是与之相连的各种生命的世界。很多村民都认为，自己生活的世界里遍布"次元裂缝"，穿过那道"裂缝"，就能进入异次元的世界。有人认为，那个异次元世界就是"死后的世界"，也有人认为，狼就是利用这道"裂缝"往返于两个世界的生物。

过去村里人所感受到的村落世界，就是这样一个容纳了各种可见与不可见生命的世界。照此看来，就算在山中世界感受到了天狗、鸦天狗等生命的存在，也尽可悉数接纳；哪怕它们在当今世界里只是虚构生物，但在那时还活在村民的生命世界之中。

而那个生命世界，就存在于人们还会被狐狸欺骗的时代。

第二章　1965 年的革命

一

　　我在序言里提到，日本以 1965 年（昭和四十年）左右为界，不再有"人被狐狸骗"的新故事产出。当然，这只是我在各地寻访得出的结论，如果调查得更仔细些，或许能得出略微不同的答案。但把这个时期当作转变期，大体上没有问题。根据我听到的信息也可以基本断定，1965 年确实堪称时代的分水岭。

　　得知这个"事实"后，我开始不断向人提问："为什么 1965 年后，人不再被狐狸骗了？"我问过那些曾被狐狸骗的人，也问过那些曾听说别人被狐狸骗的村民，他们以"我认为"开头，告诉了我一些"答案"。这些答案可以分为几种类型，下面我会在介绍其中几种观点的同时，分析 1965 年左右出现的历史变化。

二

我得到的"答案"里，提及率最高的要数高速增长期[1]带给人们的变化。简单回顾一下战后[2]历史，会发现战后的日本是从战败后的混乱状态中重新出发的。当时的社会问题包括：在美军空袭中毁于一旦的都市、从战场归来的退伍兵、粮食困难等等。再往后，还有 20 世纪 50 年代的朝鲜战争。由于日本成了美军的后方基地，美军在朝鲜战争中的特需[3]也促进了日本经济的复苏。以此为契机，战后的日本开始摸索新的生产体制，并在数年后进入战后的高速增长期。

1　高速增长期：一般指 20 世纪 50 年代中期到石油危机发生的 1973 年。其间，日本经济的年平均增长率超过了 10%。
2　战后：指二战结束之后。
3　特需：美军在日本筹集军需物资及劳务的需求。

从 1956 年（昭和三十一年）起，经济增长在统计数据上的表现日益明显。以这一年为界，日本的 GDP 不断增长。但国民还要晚几年才会在生活中切实体会到高速增长带来的影响。大约在 1960 年左右，拥有"三种神器"——电视、洗衣机、冰箱——的都市家庭越来越多，家庭收入也开始出现增长。

高速增长期对农村的影响还要更晚一些才会显现。进入 20 世纪 60 年代，除了电气在家庭内的普及，农业的机械化也逐渐开始，燃料很快从柴禾变成灯油、丙烷气。举例来说，山村人口变少始于 20 世纪 50 年代，重要原因之一就是燃料革命导致了烧炭传统的衰落。以烧炭为业的人们失去了工作，只能离开村子。进入 20 世纪 60 年代后，农村与山村的毕业生都进入城市求职。高速增长让城市的劳动力出现缺口，农村山村的年轻人纷纷涌向城市，就是为了填补这个缺口。

1965 年就是在这些变化中度过的。

回顾高速增长期，还有一点不得不提。战后的历史始于日本在政治、军事上的败北。战前日本所描绘的强国之路，所谓大东亚共荣圈、八纮一宇之类的亚洲霸主之梦完全破灭。经历了这些教训的日本熬过战后的混乱与复兴，开始调转方向，振兴科学技术，从而谋求经济的发展。当然，在政治与社会方面，围绕战后日本该走什么道路，出现了两种彼此对立的意见。一种认为，日本应该放弃维持军事力量，走绝对和平主义之路；一种认为，日本应该在日美同盟关系的基础上"重整军备"。究竟该选择哪条路？社会的民主化又是什么？

不过，上述对立并未出现在振兴科学技术与发展经济的道路上。这可谓日本国民默认的发展方向。况且在1956年以后，日本经济以出人意料的速度迅猛增长，创下纪录。企业生产的扩大促进了设备投资的扩大，设备投资的扩大反过来又促进了生产的扩大，在良性循环之中，劳动者的收入也实现了逐年增长。

经济发展让国民看到了日本迈向大国之路的新希望，希望很快又变成了确信。没有什么能阻止社会朝着经济发展的方向高歌猛进。"经济"就此成为全面支配战后日本的"神"。

"战后的高速增长使人们发生了变化""人们都变成了经济动物""经济价值成为超越一切的价值"……如上所述，很多人认为，人类之所以不再被狐狸骗，理由之一就是战后的经济增长。受此影响，人们开始以经济价值的有无来判断自然的价值。

在此之前，人们的日常生活里也有经济意识的存在。日本历史上，即使远在农村山村，人们的生活也并非完全自给自足。村民会种植各种商品作物、制作与加工产品，以此进行广泛的贸易往来。但对从前的农村山村人而言，经济只是生活的一个侧面，除了买卖，他们自己也会制作各种物品。因此，人们可以超越经济尺度去评价各种事物，生活在非经济的环境之中。他们周遭充满自然界的生命，被神灵环绕，活在村落与家族的历史中。换言之，每个人的生命都有复杂的属性。

然而，这种感觉随着高速增长期的到来逐渐衰退。经济的高速增长改变了人类的精神，也改变了精神世界的沟通方式。人们曾经生活在自然、神灵与历史之中，拥有与之沟通的敏锐感觉，但如今，他们放弃了这种感觉，以经济为媒介，用新的沟通方式重塑了自己的精神。

许多人推测，就是在这个阶段，人类丧失了回应狐狸的能力。正如人类丧失了解读自然信号的能力一样，人类也丧失了解读狐狸行为的能力。

三

也有人认为，人类之所以不再被狐狸骗，是因为"科学的时代"让人发生了变化。

战败让日本人意识到，无论"日本精神"还是"大和魂"，在美国的生产力、科学、技术能力面前都毫无用处。例如日美战争刚开始时，日本与美国的钢铁生产比例几乎只有 1∶10，也就是说，在日本只能产出美国钢铁总量十分之一的情况下，日美战争打响了。用当时的话说，日美间的"物资"差距非常明显，暂且不论这场仗该不该打，在这种情况下跟美国开战，显然是极不明智的。

可日本政府为了弥补"物资"上的差距，试图加强对日本及日本人"卓越品质"的宣扬。他们指出，日本是神国，是受神灵保佑的国家，从前蒙古来袭之时就有"神风"出现，于危机中护佑日本。

此外，他们还大力宣扬日本人的优秀。比如"大和魂"象征日本人作为天照大神子孙的强大精神，同时不忘突出日本人的能干。这一切旨在强调，有了这些精神，日本就能发挥出超越"物资"的能力。没错，从某种程度上看，日本确实拥有"零战"（零式舰载战斗机）这类"卓越"的战斗机，士兵不惜牺牲自己也要重创敌军舰船的"卓越"精神力也让美国大吃一惊，政府试图用这些叙事来弥补，甚至逆转日本在"物资"上所处的不利局面。

但最终，日本还是迎来了虚无的惨败。"神国日本"也好，"日本人的卓越品质"也罢，都无法扭转"物资"上的劣势。可以说，战后日本人之所以对经济增长、科学技术的振兴产生强烈渴望，就是吸取了战败的教训。与此同时，这种渴望也改变了战后的精神风土，促使人们把那些用科学无法说明的东西视为"迷信"和"谎言"，并加以否定。

20世纪50年代后半期到60年代前半期，是我的小学、中学时代，那时，社会上普遍认为，"优秀的孩子"应该学理工科。他们应该掌握科学的思考与分析方法，由此开发新的技术，助力生产力的发展。以此为目标不断努力的孩子，才是合乎理想的"优秀的孩子"。

事实上，科学只是一门以科学方法考察事物的学问。由此出发，以科学方法得出的真理被称为科学真理。但这同时意味着，除了科学，还能用别的方法得出别的真理。比如"人为什么而活"这个问题，科学根本无力解答。科学只能从身体构造方面来解释人类是如何生存的，这或许是种科学真理，但这种真理并没有解答人类活着的意义。想要找到这种意义，需要科学之外的方法。

但战后的日本社会氛围似乎不接受这种观点。大众越来越倾向于认为，科学无法解释的东西都是谬误。这是因为，日本人过去坚信非科学性的叙事——比如"神国日本""大和魂""日本人的精明"等，最后却迎来了凄惨的战败。因此，战后的日本人抛弃了过往的信条，转而开始相信科学。

20世纪60年代前半，国民开始以科学为信条，重新理解自己所处的世界，并将其推广到各个方面。也是在这个过程中，"被狐狸骗的故事"从理所当然的传闻变成了一种迷信。在此之前，当然也有人认为它是迷信。都市人从没见过狐狸，在他们眼里，"被狐狸骗"只不过是落后愚昧的乡下人的迷信，农村山村也不乏视科学真理为唯一真理的合理主义者。但在这一时期，那些与狐狸栖息的自然建立了超越科学认知的深厚关系的"传统社会的居民"，也开始相信"科学的才是进步的"。

很多人认为，正是这种变化，使得人们再也不能理解"科学无法解释的世界"。这就是1965年后，人类不再被狐狸骗的重大原因。

四

前面提到的两种观点，都是认为人类发生了变化，导致人与狐狸之间的沟通无以为继。第三种观点则比前两种更进一步。

人们谈论的第三种观点认为，信息传递、沟通方式的变化是重要原因。进入 20 世纪 60 年代，这个领域出现了两个大变化，一是电话的普及，二是电视机的普及。另外还可以加上第三点，包含漫画杂志在内的周刊销量的上涨。

这意味着什么呢？在此之前，报纸、杂志上刊登的信息都是用书面语写的，日常口语传达的信息则往往需要人充当传达者，实现口口相传的目的。

此外，村民们还有个重要的信息来源，就是大自然。尤其是从事农业生产的人，必须了解当地的"农业日历"，也就是每年的气候预测。例如部分东北农民使用的"寒试法",就是以寒冷季节的自然与天候变化来预测一整年的气温及降雨量变化。对农民而言,春夏的天气、气温、降雨量都非常重要,必须配合这些条件,才能规划当年的农业种植工作。

这些信息往往隐藏在日常生活之中,例如,他们可以熟练地从蜜蜂筑巢的方式中预测台风登陆的方向,从虫类的行动变化预测未来是否会有降雨,从山色的变化预测当年何时换季,从大自然的花开时间推定播种的时间点。农民与自然交往密切,随时都能从自然里获得消息、灵活运用。

也就是说,过去村民们不仅能从报纸、杂志等媒体上获得书面语信息(当然,这里的书面语,是指明治时代"言文一致"运动之后的书面语),从他人口中获得口语信息,还能从自然界获得信息;其中,与日常世界密切相关的信息,是口语体的信息与大自然给与的信息。

进入 20 世纪 60 年代后,口语体的信息率先发生了变化。其实在此之前,收音机的普及就让人们通过电波获得了口语体的信息。但电视与收音机不同，除了声音，还带画面。具体说来，就是听收音机的广播时，人们需要根据自己的日常生活经验、旅行记忆等展开联想；但电视机不再需要联想，它能把人们经常关注的相扑、摔跤、职业棒球等运动直接呈现在观众眼前。电视里的新闻节目也一样，屏幕上会映出播音员的表情与形象。

这类信息在全国同时、统一地推广开来，没有时间差，内容也完全一致。中央传达的信息也通过画面，用口语体传达到全国各地。

以人为媒介传播信息需要一定的时间。重要信息往往会被加紧转达，不那么重要的日常信息则是看时机转达。那些日常信息就不重要了吗？对村里人来说，未必。因为这些信息能让他们互通想法，有时还能促使大家达成共识。

另外，人与人之间口口相传的信息还有个特点，就是必定伴随着加工与渲染。在这个过程中，信息可能被夸大、被部分强调。因此，听的人在接受信息的过程中，必须分辨哪些部分才是事实。换句话说，口口相传的信息要求听者具备读取信息的能力。因为信息在传递过程中被添加了太多主观因素，想要正确理解，就必须懂得读取。

不过，电视播放的信息总给人一种客观的感觉。比如电视上显示的相扑结果，无疑就是真正的比赛结果。当然，电视节目也受到制作方的主观态度影响，但大众观看电视时，却会有种"所见即是客观事实"的错觉，这就是电视的特征。如此这般，电视机的普及以口语体信息为载体，抹掉了人们"读取"信息的步骤，让人不知不觉就把看到的信息当做真实；信息传递的新形式由此诞生。

包括漫画在内的新刊，虽然也使用印刷字体，但文字大都与口语体相近。于是，人们阅读杂志也越发容易，不用再自行把书面语转换为口语。

此外，电话的普及消除了人与人沟通时的表情作用，拓宽了"纯粹的信息传递"这一沟通形式。

同时，进入 20 世纪 60 年代后，人们渐渐不再从自然界里读取信息了。农业方面,各种农药相继面世,就算农民不再留意自然界的变化,也能在农作物出现问题时用农药调节。加上以农业为主的生产方式萎缩,农民的主要收入来源逐渐转变为"外出务工";成为雇佣劳动力的人也无需再关注自然界发送的信息。

就这样,20 世纪 60 年代,村民日常接触的信息及其传播方式发生了巨大变化,这种变化改变了沟通的形式,使得狐狸与人之间"传统的"交流方式逐渐消失。这就是第三种观点。

五

也有人认为,升学率提高也是原因之一。确实,在 20 世纪 60 年代,日本高中、大学的升学率逐步提高,其影响也扩散到农村山村地区。

这件事也改变了教育的内容。

过去,村里的教育一般有三种形式。一是学校教育,二是家庭及当地人在日常生活中付诸的教育,三是青少年群体内部的年长者提供给年幼者的教育。三种形式相辅相成，共同构成了村落的教育。此外，在村落教育里发挥重要作用的，还有村里的通过仪式[1]与年中行事[2]，这些仪式与祭典伴随孩子从出生到成年。

举例来说，很多村子会在四月举办花祭，孩子们要负责与之相关的一切准备工作，包括制作甜茶、用花朵装点前往村中佛堂的参拜小路等。准备过程中，都是年长的孩子教授年幼的孩子具体如何操作。这也算是村里的一种通过仪式，通过这个祭典，年幼者能从年长者身上学到很多东西。当然，在大人们准备其他祭典时，孩子们也能在帮忙的过程中，学习各种必要的技术。

村落中的教育之所以具有如此复杂多面的特征，是因为传统的教育旨在培养能适应村里生活的人。当然，在村里生活不是不需要"国语"、"算术"（或"数

1　通过仪式：民俗学用语，指人一生中经历重要节点时举行的仪式，包括诞生、成年、结婚、死亡。
2　年中行事：一年之中的各种例行节日与活动。

学")、"社会"、"理科"[1]，没有这些知识与素养，可能也会在将来的生活中遇到困难。但比起这些，更重要的是让孩子适应村中生活。为此，就必须了解村里的自然条件，学习如何面对自然、活用自然，创造生活所需的物品，并掌握村中祭典的含义，了解村子的历史及其运转方式。

为了让孩子们在村里生活无碍，必须让他们学会各种技能，其家庭成员、当地居民、年长者也必须参与其中，通过不时举办的祭典与仪式，建立起复杂多样的教育体系。

当升学率开始上升，这种村落内部的教育体系就走向了崩溃。"教育"被窄化为应试教育，来自家庭、地区、年长者们的"村内教育"被抛弃。20世纪60年代，村里的通过仪式也急速减少。学校成为唯一的教育基盘。为了弥补学校教育的不足，又出现了在家补课与私塾授课的形式。

---

1 以上皆为学校教育的科目。

到头来，学校的教育内容也发生了变化。从前的学校只是村里人的教育体系的一环，现在的学校却成了应试教育的摇篮。这当然也影响了孩子们的精神世界。既然过去那个教孩子们认识大自然与神灵、传授生活技巧与知识的村落教育体系已经消失，孩子的学习目标转变为应试，其精神世界自然无法维持原样。相应地，父母们的精神世界也发生了改变。因为在此过程中，大人们也渐渐失去了对传统村落教育的价值认同。可见，变化不只出现在孩子身上。

应试教育化，使得高偏差值[1]象征的合理主义开始支配学校教育，同时，学生及其父母也对这种合理主义产生认同。在这个进程中，无法被合理归纳的传统教育自然走向了崩溃，曾经生活在传统教育体系中的人类精神也随之衰弱。

支持这第四种观点的人认为，正是升学率的提高

---

1 偏差值：体现个人学力检查结果与集体平均值之间的差距程度的数值。日本的学校倾向于认为，偏差值越高的学生越优秀。

使村民们的精神世界发生变化，也斩断了狐狸与人类之间一度存在的非合理性沟通。当人们开始追求只有唯一"正解"的教育，没有"正""误"之分的"知识"本身就开始弱化了。

六

也有人认为，生死观的变化也是原因之一。

在传统的日本社会中，生与死都不像今天这样，是只属于个人的事。当然，任何社会的生死都有私人的一面，但现代社会的生死只属于个人，传统社会的生死既属于个人，也包含在自然及其相关的神佛世界与村落共同体之中。

具体论述容后再述，此处先说结论。过去的日本人认为，自然世界是清净之地，人类世界是污浊之地。也就是说，在他们眼里，活着，就是个不断污染"自我本质"的过程。这种"自我本质"既非物质性的，也非纯粹意义上的精神，而是与身体密不可分、潜藏在精神内部的东西。你可以说它是"魂",也可以说它是"灵",还可以用铃木大拙[1]定义的"灵性"来指代。五来重[2]认为,魂与火密切相关,若真如此,用火来表达藏在身体内部之物也未尝不可。

本书一般用"灵"或"魂"来指代这种存在。过去的日本人认为,人类活着的过程,就是其灵魂逐渐被污染的过程。

那么,灵为何会被污染?因为"人性的""人类特质"等词汇所表达的人类独有的精神与智性,与"自然"的观念相悖。

欧洲的传统观念肯定"人类特质",认为它具有开拓未来的可能性。因为人类拥有智慧,所以能开拓文明。但日本的传统观念不同。日本人认为,一旦拥有了智性,就会丧失原本的自然属性。"人类特有的精神"也可照此解读。为这一认识赋予语言形态的就是经过

---

1 铃木大拙:明治昭和时期的日本佛教研究者、文学博士,用英文著述,将日本的禅文化介绍到海外。
2 五来重:日本的民俗学者,专攻佛教民俗学。

本土化的日本佛教。用佛教的话来说，这都是些心怀烦恼、我执 [1] 缠身的凡夫俗子。所以，作为凡夫俗子生活的过程，就是灵被污染的过程。

也是因此，人的最终目标就是回归自然。舍弃我执与烦恼，不再自以为是地用智性解释万物，而是成为自然的一员。这样才能与无限的自然融为一体，化为"祖灵"，某些情况下也作为村子的神或者说佛来守护村落共同体。这才是解放之道、救赎之道。

人活一世，也活在自然与共同体中。但人"活着"的时候，免不了主张自我、用智慧解释万物，因而污秽无法消除。当然，也有人活着的时候就谨言慎行，努力消除污秽，纵使身在泥泞，也心向清净，因为人终究要回归自然属性。

正是在自然与共同体囊括的世界中，生与死才得以成立。

然而，近代社会形成之后，人类开始逐渐脱离自

1　我执：认为自身内部存在不变的实体与本质，是一种非佛教的思考方式。

然，陆续离开共同体。既然囊括一切的世界都已消失，生与死也就只属于个人了。或者说，生与死变成只属于个人的孤独事务。这改变了信仰的方式。原本囊括在自然与共同体之内的信仰，转变为只属于个人的救赎信仰。这里所说的"原本囊括在自然与共同体之内的信仰"，也就是"与风土共存的信仰"，"与土地共存的信仰"，"与场所共存的信仰"。

正如人类沐浴在太阳光下，生活在风的怀抱之中，过去的日本人也被自然环绕、生活在共同体之中，并在其中感受自我的存在。所以，想要认识自己，就必须认识自然与共同体。如果把在自然与共同体内形成的"场所"命名为"风土"，"自我"就是在与风土的不断对话中成形的。

我还是认为，村落大约是在 20 世纪 60 年代丧失了传统社会的模样。当然，这一时期，"传统社会的模样"并未归零，甚至时至今日还有一息尚存。但在 20 世纪 60 年代，从传统社会延续下来的许多事物都从村子里消失了。前面提到的各种通过仪式就是其中一例。

同时，进入 20 世纪 60 年代后，村里人也开始发现，他们的家族在发生断裂。越来越多的年轻人走出村子，或是集体外出求职，或是升学去到外地，或是独自外出务工，导致一些家族事业无人继承。这一来，村里人世世代代生活在自然与共同体之中的感觉也随之变淡。从前，自然与共同体具有永恒的绝对性，如今，人们只会根据实用性来衡量它们对自己是否有用。

虽然还没有严重到都市那样的程度，但在 20 世纪 60 年代，村里人对生与死的感觉确实都已发生了变化。可以说，生与死慢慢变成带有都市性质的、个人的所有物。从前能与外部世界产生共振的个人，也逐渐听不到世界的声音了。

至此，人类一度亲近的自然，或者说人与自然万物的关系，也发生了变化。

一些人认为，人类的变化也是其不再被狐狸欺骗的原因之一。

七

也有人认为，人类自然观的变化也很重要。

前面已经提到，从前的日本人眼中的自然并非客观存在于人类之外的自然体系，而是人类终将回归的场所，他们对自然的这种认知也是通过"祈祷回归自然"来加深的。

那么，自然在他们眼里究竟是种什么样的存在？

我们都知道，过去的日本人把"自然"读作"じねん"（jinen），直到明治时代后半，才改称为"しぜん"（shizen）。后者是为了表达英语的 nature、法语的 nature[1] 而被创造的。从这个意义上讲，读作"しぜん"的"自然"，是对外来词汇的翻译。

自然（じねん）的本意是"自发地""自动变成了这样"[2]。今天我们依然会使用"自然而然就变成了那

1　英语的 nature、法语的 nature 皆指外在于人类自身的、客观存在的自然界，亦即区别于人类社会的物质世界。

2　日语的"自然"一词可以拆解为"自ずから然り"，也就是"自动变成了这样"的意思。

样""顺其自然"等表达方式,这也是"自然"还读作
"じねん"时代的残响。

这样看来,过去人们想要回归自然的传统观念,
其实不是回归"しぜん",而是回归"じねん",亦即渴
望回到"自发"的世界,在那里"自然而然"地生活。

"自然"(じねん)作训读 1(自ずから然り)时,
意为"自动变成了这样",它代表"不作为""无意
识""排除自我意识的",又或是"无'我'状态"。

佛教用语言描述了这种状态,认为人类正是因为
拥有自我,才会被"我"困住,成为拥有"我执"的
人。也因此才会产生"我"的欲望,为了"我"与人
争执,堕落为可怜的凡夫俗子。烦恼正是由"我"而
生。所以,抛却烦恼即是抛却"我"。抛却"我"的方
法,就是让一切回归"自发"状态。只有自然而然地
活着,才能宽恕众生、拯救苍生。这种观念又与大乘

---

1 训读:在不改变汉字顺序的情况下,用日语直译并读出汉字。是早期
 日本人学习汉字、汉文学时常用的方法。此处"自然"一词训读,则
 是前面提到的"自ずから然り"(自动变成了这样)。

佛教[1]相结合。

这样看来，把原来的自然（じねん）读作"しぜん"，来表达英语中的"nature"或法语中的"nature"这个翻译词汇，其实是很贴切的。因为最自然而然（じねん）之物，就是大自然（しぜん）。大自然这一物象就是万事万物自发地存在，在自然而然这一语意所指涉范围内。虽然此"自然"不同于彼"自然"，但大自然本身就具有自然而然的属性。

因此，想要回归"拥有自然而然生活方式的自我"，几乎就等同于"渴望回归大自然"。人们通过回归自然而然的生活方式来追求回归大自然。也可以说，人们通过回归大自然来追求自然而然的生活方式。

如上所述，在人们的传统意识里，无论是哪种"自然"，都不是存在于人类之外的客体，而是人类渴望拥有，并认为终将有一天能获得的世界。欧洲那种把自然与人一分为二的传统观念在日本行不通。所以

---

1 大乘佛教：重视救济他人、引导众人觉悟的佛教。与优先完成自我解脱的"小乘佛教"相对。

在明治时代，"自然"这个外来语进入日本时，译者们犯了难，不知该如何翻译它。因为外来语的"自然"是存在于人类之外的客观体系，但日语里没有相应的概念。

而在今天，比起读作"じねん"的自然，我们更熟悉读作"しぜん"的自然。这是因为我们的精神已经受到近代化、欧美化的影响，自然观也发生了改变，以至于能若无其事地使用"保护自然"这种说法。

原本，"自发形成"的自然（じねん）既是自然（しぜん）的世界，也是人类通过"祈祷"寻获的世界。灵魂不洁的观念创造出了寻找救赎的"祈祷"，也让人发现了自然（じねん）的存在。

但随着社会的近代化程度加深，人们渐渐把"自然"一词单纯理解成自然（しぜん），它也从此与人类剥离，变成客观存在的体系。

一些人认为，正是在进入20世纪60年代后，这种变化最终影响了村落生活。战后的经济社会把农田变成了客观的生产场所，把森林变成了客观的林业种植场，把水与河流也变成了客观的水资源。这种变化也出现在村子里。

当人们在近代自然（しぜん）中看不到传统自然（じねん），也找不到期盼通过"祈祷"来回归的世界时，自然与人类的关系就此发生了变化。这种变化，就是人不再被狐狸骗的原因。以上，是第六种观点。

八

前面提到的几种观点都认为，是人类在 20 世纪 60 年代发生了变化。也就是说，他们觉得狐狸没有变。明明狐狸还是原来的样子，人类被狐狸骗的能力却变弱了。

不过，我走访各地，听了各种人的说法，发现也有少数人认为，是狐狸们发生了变化。这些人的观点主要可以归纳为两种，下面我会依次介绍。

持第一种观点的人认为，能骗人的并非普通狐狸，而是上了年纪且拥有灵力、老奸巨猾的狐狸。这种老狐狸才是欺骗人类的正主。据说战后的日本森林已经不适合这种老狐狸生存了，到1965年左右，森林里只剩下年富力强的狐狸。

这个过程与下面的事件一致。战后日本从1956年开始推动"扩大造林"[1]政策的实施。"扩大造林"，就是砍掉天然形成的杂木林，并在这些地方种上杉树、扁柏、落叶松、红松等针叶树木。

首先要说明，森林可以分为三种：原生林、天然林、人工林（人工造林）。严格说来，原生林是指有史以来从未受到人类干扰的森林，亦即仅靠自然之力形成的森林。换句话说，严格意义上的原生林就是人类从未踏足的森林。因为人类哪怕只是在森林里行走，都会对森林产生或多或少的影响。但从这种严格意义上看，原生林近乎不存在。何况日本自太古以来就有人在森林里生活，更不可能还保有

1　扩大造林：也就是砍掉经济价值低的树林，改种经济价值高的人造林。

这种原生林。若是把范围限定在多岩石的山区地带，或许真有人类尚未涉足的场所，但我们所说的原生林，必须作为森林发挥一定的作用，因此也要考虑到它的面积。

到 20 世纪 70 年代左右，"原生林"大都还是指严格意义上的概念，但今天我们所说的"原生林"，已经扩大了意义。哪怕是过去有人进入过的森林，只要人类没有对其进行集中采伐或开垦，数十年间没有改变森林状态，使其得以保持仅靠自然之力形成的样貌，这种森林也可以称为"原生林"。

森林的概念也在与时俱进。促使这种变化出现的原因，是进入 20 世纪 70 年代后，人类提出了"自然保护""保护原生林"等说法。从前严格按照生态学意义使用的"原生林"一词，也被人类赋予了新的意义。我现在也会用"原生自然"这种暧昧的表达来指代如今的"原生林"，森林的概念也在随着人类思维的变化而演变。

就算"原生林"的概念已被扩大，日本的原生林也并不多。因为日本人从进入森林那一刻起，就开始进行大规模的伐木，另有许多烧炭人进入深山，在山里收集柴禾。这些人类活动改变了森林的样貌，日本很多森林都有类似的情况。只不过，过去的日本人无论怎么砍伐森林，都不会在原地种植新的苗木，而是靠森林自身的能力再生。这种重新长出来的森林就叫"天然林"。天然林有时也被称为"自然林"或"二次林"，可以把它理解为受到人类巨大影响之后，靠自然之力再生的森林。

这种天然林大都呈现出杂木林的状态，也就是以落叶阔叶树、常绿阔叶树为主的森林。但也有例外。比如，关东平原有许多杂木林是为了维持农业而人工种植的平原森林，有些至今尚存。旱作地带因为很难找到稻秸，所以缺乏堆肥原料，容易导致肥料不足。为了弥补这个缺点，人们就在旱地附近种植枹栎、麻栎，培育杂木林，以其落叶堆肥。

反过来，有些针叶林也是天然林。例如在木曾，就有一大片天然林都是扁柏。在丰臣秀吉修筑大阪城的时代[1]以及江户时代，木曾一带都遭到了大规模采伐，好在自然的力量让这些扁柏森林得以再生。因为是天然林，林中也混有一些其他树种，想来木曾的土壤应该很适合扁柏生长。

存在争议的是秋田北部的杉树天然林，有人认为这片森林是天然林，也有人认为它是江户时代重新种植的。另外，高知县的马路村也有一片杉树形成的天然林。北海道则是以萨哈林冷杉为主的针叶树天然林。换句话说，天然林并不都以杂木林的面貌存在。此外，生长着落叶阔叶树的山中也分布有小面积的杉树林或扁柏林。从记录上看，江户时代，山形的金山町有片杉树林，价值是一町步[2]一万石，想来应该是原生林。天然林不全是落叶或常绿阔叶林，也有些混有松树在其中。

1　大阪城修建于 1583 年至 1585 年，在战火中一度烧毁，又于江户时代重建。明治时期再次被烧毁，昭和时期重建了天守阁。

2　町步：日本计算山林、田地面积时的量词。一町步约为九千九百二十平方米。一町步一万石，差不多就是一万平方米一万石，即一平方米一石。"石"是计量大米等粮食的单位，一般用作大名与武士的俸禄单位。一石约为十斗。

与之相对，人类像种植旱地作物那样培育苗木，形成的树林就是人工林。现在的日本有四成左右的森林都是人工林，如果只算能培育森林的地点，则有近半数都是人工林。因为森林中也存在高山带[1]、亚高山带[2]之类难以培育大树的森林与岩区。

日本自江户中期开始培育人工林，但涉及的范围很有限，只有纪州、奈良的吉野、秋田、江户周边等地。更多人只是趁自家改建房屋时在附近种植很小一片人工林。直到进入明治时期，日本才开始在全国各地种植人工林。江户后期、明治初期，日本各地出现了许多秃山，种植人工林也是以"治理秃山"的名义展开的。

二战及战后的滥砍滥伐制造了大量秃山，在治理这些秃山时，也用到了种植人工林的办法。前面也提

1　高山带：植物的垂直分布带之一。位于森林边界线以上，直至冰雪带下限的雪线为止。在日本中部指海拔二千五百米以上的地区。高山灌木林、高山草原等发达。

2　亚高山带：植物的垂直分布带之一，位于低山带与高山带之间，在本州中部指海拔一千五百至二千五百米的地区。主要植被以乔木针叶树为主。

到，1956 年，日本开始推行"扩大造林"政策，天然林被采伐后，原地又种上了杉树、扁柏、红松等苗木；在这个过程中，全国各地都实现了从天然林到人工林的大规模树种转换。日本的人工林面积也是从这时开始扩大的。进入 20 世纪 60 年代后，山体渐渐被青葱的杉树与扁柏覆盖。

有人认为，正是森林的这种变化，致使新时代不再适合老狐狸们生存。这么说来，20 世纪 50 年代中期，烧垦农业的终结也有重大的意义。

过去，烧垦农业在日本山村相当常见。烧垦一般是从夏天点火焚烧山中草木开始的。烧完之后的第一年，地里种植的大都是荞麦。之所以选在夏天点火，是因为这个时节不容易引发山火，而能在夏天播种、秋天收获的谷类作物只有荞麦。但有些地方也会种红萝卜。第二年、第三年可以种些杂粮或豆类，一般来说，烧垦地只有这三年的使用价值，三年之后，又要选择其他地方重新烧垦。因为烧垦地的肥料只有焚烧时留下的草木灰，三年过去，地里就会缺肥。

荒废的烧垦地在其后数年会变成摘山菜的好地方。因为山菜大都不是长在森林，而是长在森林被砍伐后空出的地方，因此废弃的烧垦地就成了山菜丰收的场所。时节一过，地里会长出芒草，形成优良的茅草地，再往后逐渐回归天然林的状态。茅草可以采来铺在屋顶，有些地方入冬后，茅草场就成了马儿进食的地方。虽然烧垦地的耕作期限只有三年，但在三年后逐渐恢复自然的过程中，也能发挥作用，支撑村里人的生活，可见，这也算是一种有趣的营生方式。

因为烧垦地只有三年的利用期，三年之内，村民最担心的就是动物跑来偷吃。一般来说，烧垦地离农家较远，位于山体中腹部，周围有森林覆盖，动物们总是从森林往烧垦地聚集。偷吃杂粮和豆类的以田鼠为主，野猪也喜欢豆类，野兔也会偷吃叶片。紧接着，猎食这些动物的狐狸、黄鼠狼随之登场。鹰、鵟、猫头鹰会从空中捕猎田鼠、野兔。一度还有狼群在烧垦地出没。

若是放置不管，入夜后，烧垦地就会成为动物们的聚集地。这一来，地里作物就会遭殃。为了防止动物破坏作物，村民们在烧垦地旁筑起看管小屋，有时还会在夜里巡逻，但烧垦地的存在依然给山中动物带来很大的积极影响。事实上，人们口中日本狼灭绝的时期，几乎就与烧垦地消失的时期重合。

这样看来，烧垦地的消失，或许也给老狐狸们的生存环境造成了不小的压力。

战后日本森林的变化、人类对森林的利用形式的变化，都让老狐狸难以在森林里继续生活。支持这种观点的人认为，正是这些变化消灭了能骗人的狐狸。

关于狐狸发生变化的另一种观点，仍然与森林有关。前面已经说到，1956年推行的"扩大造林"政策让山里出现了大量杉树、扁柏等苗木。因为森林已经被伐倒，大地重新被阳光普照，种一棵三十厘米左右的苗木，周围就会长出许多野草。这一变化导致山里的田鼠、野兔增多，啃坏了许多苗木。苗木尖被啃就无法再笔直生长，苗木根被啃就会使整棵苗枯萎，但类似的事情时有发生。

为了应对这种状况，进入 20 世纪 60 年代后，各地开始往山里投放狐狸，让这些狐狸猎捕田鼠、野兔。

有人认为，这种行为降低了狐狸的生存能力。因为被投放的狐狸都是人类饲育的"养殖狐狸"，野外生活能力已经变差。"养殖狐狸"相互交配，又让后代狐狸的野生能力愈加低下。等到 1965 年左右，狐狸已经完全变了样。以上，就是关于狐狸变化的第二种说法。

九

以 1965 年为界，日本人不再被狐狸骗了。以上，就是人们对这种情况给出的诸多解释。

考证至此，我发现，1965 年似乎是日本人精神史上的一大转折点。一般说来，20 世纪 60 年代会被描述为高速增长期、日本经济腾飞期，同时也是战后大众文化普及、学生运动与市民活动等蓬勃发展的时期。不过，从内部看来，这也是日本人代代相传的传统精神衰退、日本自然环境剧烈变化、人与自然的交流随之变化的时代。从这个意义上看，1965 年的日本迎来了一场革命。

正如我在序言里所说，本书的写作始于 1965 年前在日本各地广为流传的狐狸骗人的故事。大概会有很多人问："但是，人被狐狸骗的故事都是真的吗？"

这个问题是本书后半的重要议题，此处只阐述以下观点。

人被狐狸骗的故事是否属实并不重要，唯有探寻"人为何不再被狐狸骗了"，才能得知更多真相。无论问题出发点是否属实，考证它的过程都会揭示一些真相。比如 1965 年左右，自然与人类的革命究竟是什么。而这个问题的答案，会告诉我们战后某段历史的真相。

既如此，历史究竟是什么？从真相成谜之处讲起的历史又是什么？

且随我进入下一章。

第三章　被狐狸骗的能力

一

这一章开头，我打算从群马县的山村——上野村的三个故事讲起。我每年在上野村生活的时间几乎跟在东京持平。

截止到昭和二十年代（1945—1954），这个村子还保留着"上山"的机制。因为我是从 20 世纪 70 年代才入住上野村，这些事都是村里人告诉我的。

上野村的山间地带没有水田，过去的主要产业是养蚕。养蚕农家与稻作农家的风气差别很大，因为他们无法像稻作农家那样实现自给自足，只能靠养蚕获得一些现金收入，以此购买必要的生活用品。这就是养蚕农家的生活状态。村里很早以前就有货币经济，因此也有借贷与赌博，这是靠现金收入维持生活的村落的特征。此外，生丝的价格每年都有剧烈波动，甚至每月、每天的价格都在变。原因之一是生丝也用于出口。江户时代，每逢意大利生丝产量不佳，日本生丝价格就会上涨。一旦生丝市场价升高，村民就能获得"巨款"，以此进行借贷。

事实上，我在上野村所住的房子的原屋主，其祖上就当过放贷人。我之所以知道这些，是因为买房后办理过户手续时，发现它在大正时期曾被抵押。这家人曾以房产做担保，向金融机关借钱。为什么借钱？只要问问村民，就能得到答案：借钱是为了拿来放贷。这种走钢丝般的借贷活动之所以能成立，也是因为村子的主要经济基础建立在生丝这种商品作物之上。

出于这种原因，村里时而有人被逼无奈，宣告破产。有人是因为赌博或借债，但更多应该是由于生丝市场价格的暴跌。遇到这种情况，村民一般都会

"上山"。

一旦生活难以为继，就有人宣告"上山"。"上山"必须对全村公开宣布，发表宣言之人也必须信守承诺，到森林里生活。针对这一情况，村落共同体内的人达成了几个共识：第一，宣布"上山"的人可以任选地方生活，亦即可以无视森林的所有权；第二，在森林里生活所需的木材可以从山中任意地点砍伐，这也是可以无视所有权的意思；第三，宣布"上山"之人的同村人及亲戚必须为其提供充足的味噌。

可见，"上山"是共同体针对生活困难的人实施的救济制度。

具体步骤如下。宣布"上山"的家庭带着味噌进山，找个合适的地方搭建小屋，拾捡柴禾等。从前，上野村的森林里有许多栗树，"上山"的人很容易就能做出一年份的淀粉。此外还有许多七叶树也能提供食材。只要去掉涩味，七叶树和橡树的果实都能吃。当时山里还有许多烧炭人砍掉树林做成烧垦地，因此山菜也能随意采摘。若是懂得分辨菌菇，五月到十一月还有吃不完的菌菇。山涧里有数不清的红点鲑。只要做些陷阱，就能捕到山里的动物。往昔的山林资源实在丰富。

当家里人"上山"生活时，家中精力旺盛的男人就到城里去挣钱。一年后多少都能存够钱回村。此时，其他家人就能下山回家，用男人挣的钱还清债务，过回正常的生活。从前的"上山"制度之所以能成立，是因为它建立在三个要素之上：丰富的山林资源、村民无所不能的求生能力，以及能提供最低生活保障的村落共同体。

这种制度一直持续到昭和二十年代（1945年至1954年）。时至今日，上野村依然有老人觉得，"要是遇到困难，就上山过一年松快日子"。但这种想法已经很难实现了。眼下，日本的人工林越来越多，烧垦地与烧炭业都已没落，山林资源也不复当初。人工林不砍就长不出山菜，没有被砍的树桩，菌菇就无处生长。此外，山涧里的红点鲑也少了。当然，村里的老人或许还保有强大的求生能力，但我们这代人即使"上山"也活不下去，只能早早下山，回到村里。

过去的"上山"并非苦事，而是伴随着山村居民乐观洒脱的性格而存在，他们相信，"哪怕遇到困难，上山就能扛过去"。

在狐狸尚能欺骗人类的时代，人类与山野自然之间就是这么一种关系。那时的人们信赖自然，也拥有足够的力量，能把自然界的一切变为自己生活的食粮。

拥有这种精神与能力的村民又会如何看待自然，如何看待生活在这自然中的动物呢？唯一能断言的是，过去他们眼里的自然、动物，与我们如今看到的截然不同。

那么，在那个时代，自然与人类的沟通、自然与动物的沟通，又是什么样的呢？

二

上野村跟其他山村一样，供奉着大量的马头观音。

过去，这里的内陆运输主要依靠马背，供奉马头观音也是理所当然。有河流经过的地方可以用船来运输，但山间地带无法行船。

进入江户时代，幕府完善了各大街道[1]的传马制度[2]，强制要求村民轮流牵马往返各大道之间的中转站，完成站点间的运输接力。但村民对该制度的评价很糟糕。因为他们总是在农忙时节被强制命令去运输货物。为了缩短运输时间，只能想方设法减少货物重量。这一来，货物每到一个中转站，数量都会减少一点。

江户中期，通马制度[3]取代传马制度，成为主要运输手段。这是运输业者建立的制度，可以一口气跑完很长的距离。运输者要带数匹马同行，并收取运输费用。这种方法虽然要支付运费，但速度很快，货物也

---

1 街道：此处指江户时期日本的五大交通主干道，包括东海道、甲州街道、日光街道、奥州街道、中山道。
2 传马制度：又叫驿传制、驿站传马制度，是近代以前日本传达公文或物件的主要手段。在全国主要道路上按距离设立驿站，由人、马、车在驿站之间奔跑传送。
3 通马制度：在中转站不换马，由始至终使用一匹马运输。

不会丢失。

上野村位于中山道[1]途中的小路上。由于中山道上的碓冰岭是个险关，有段时间，很多运送物资的人都会绕开此地，走途经上野村的十石岭大道，因此会有许多运输用的马匹经过上野村。村里养马的人家也多。有记录显示，人口一千左右的村子里就有超过二百五十匹马。

有的马在运货途中因货物垮塌失去平衡、跌落山崖而死。遇难地会修建马头观音，供奉亡马之灵。另外，为了保佑马匹在旅途中的安全，马匹休息处也会供奉马头观音。

马头观音有张含怒的脸。不过，多数地方立的不是雕像，而是刻着"马头观音"几个字的石头。

上野村就有许多马头观音。有一次，村民们聚在一起闲聊，刚好说到马头观音。有人问："为什么要做马头观音呢？"我就把上述缘由说给他听。语毕，有

1　中山道：江户时代的五大街道之一。是连接江户日本桥与京都三条大桥的交通运输要道。

其他村民提出异议，他讲的故事如下。

村里，尤其是山里，有着类似时空裂缝的东西。它或许是连接人界与冥界的裂缝，也可能是连接人界与灵界或神界的裂缝，通过它能窥探神灵的世界。总之，那是通往异次元的裂缝。人类虽然看不到，动物却能感知。一旦裂缝出现，就必须用性命去填补，否则它永远不会消失。无论是谁，掉进裂缝就会没命。

马在旅途中发现了裂缝的存在，它知道有人会因此而死，担心死的会是同行至今的饲主，于是决定牺牲自己，拯救饲主，主动跳进了那道裂缝。

那位村民表示，马在山中死亡的地点就是裂缝之所在。人类为了感谢马，才修了马头观音供奉马灵。

这种说法我从未听过，在场十来个村民也都是第一次听说，想来它只流传于那位村民的生活圈。但我也意识到，"这种说法更有意思"。

回顾"灵"或"魂"相关的思想史可知，江户时代正是"灵"走向通俗化的时期，"灵"的存在逐渐深入人们的日常生活。都市里的武家世界以儒学为基础，把"灵"纳入政治理论，在《灵之真柱》[1]中提出新的日本人论，说日本人是天照大神[2]之灵的继承者，意图从政治立场上推动"灵"的通俗化。

而在农村，对"灵"的信仰以家庭为单位，转化为祖先信仰，并融入民众的日常生活。也可以说，带有超越性的"灵的世界"转变成了日常的"灵的世界"。不过承接自古代、中世的灵魂观依然存在于农村山村。亦即，农村山村的居民一方面仍然相信古代以来的灵魂世界，一方面也在日常生活中谈论灵魂，两种灵魂观并行不悖。这个问题其实值得进一步探讨，但此处先按下不表，只说结论：江户时代，人们对"灵"的信仰变得通俗，明治以后，人们又开始无视"灵"的存在，如此这般，直至今日。

1　《灵之真柱》：江户时代的儒学家平田笃胤的著作。以服部中庸的《三大考》为理论基础，用十张图说明了天、地、黄泉构成的世界；认为人死后灵魂不是去往黄泉，而是前往大国主神支配的幽冥；知道了这个，就能坚定大和心，努力寻找世界的真相。

2　天照大神：日本记纪神话中的女神，高天原的主神伊奘诺尊与伊奘冉尊之女。太阳神。

正如我在前言中所说，进入江户时代，阴阳师安倍晴明被塑造成狐狸之子，拥有了"纯粹人类"不具备的特殊灵力。人们还为那只母狐狸起名为"葛叶"，甚至创造出葛叶与晴明道别时吟咏的和歌。虽说晴明是因为体内流着狐狸血才有了灵力，但那狐狸身上的人类特质非常鲜明。照此看来，这只狐狸大概是从灵的世界降格到了日常世界。即使如此，它依然拥有狐狸的灵力。这么看来，古人早就承认了"自然之灵力"的存在。

如果说修建马头观音是为了供养死去的马匹、祈愿马在旅途中的安全，那它的存在也太过理所当然、太符合人类日常世界的秩序了。这种日常世界里的感谢与祈愿，也太符合江户时代"灵"在农村山村的通俗化进程了。

事实上，江户时代的"灵"的通俗化进展得十分顺利。神佛已经降格为日常世界里为人们提供利益的普通存在，地藏菩萨还背负了人们日常许下的无数愿望。说起来，地藏原本是印度教的大地之神，后来却成了佛教里负责救济的菩萨，又在日本的江户时代成为人们信仰的地藏菩萨。祈求安产的人会找"子安地藏"，想保佑孩子健康成长的人会找"子育地藏"……

可见，江户时代的信仰发展与马头观音的传说配合得天衣无缝。如果采信那位提出异议的村民的说法，就能体会到超越日常世界的恐怖。这么看来，他口中的版本反倒更符合传统，也更有意思。至于真相如何，并不重要，重要的是，它让我们窥见了故事中那种"信以为真的精神"。

三

另外再讲一件关于上野村的事。

我定居的村子在江户时代叫作楢原村，位于如今的上野村最深处，神流川的源头。该集落在旧楢原村里，也是深山里的偏僻所在，想去那儿，必须在荒无人烟的山路中走上两公里左右。村里只有八户人家，周围都是深山老林。究竟有多偏僻呢？举个例子，鬣羚曾在我家门口出现，吓了我一跳。狸猫曾在我家廊檐下住过，熊也一度从我家院子里横穿而过。

Y先生夫妇的家与我家相隔两户。近来因为身体不好，他已经搬去了儿子儿媳家，今年估计有九十多岁了。

Y先生过去以烧炭为主业，兼营养蚕与制作和纸，此外还种地，从事林业相关的工作。我家后院里有个小型炭窑，烧炭方法就是Y先生教我的。

Y先生还告诉我一件事。在家中孩子年龄渐长、Y先生成为一家人的经济支柱时，Y先生的父亲提出了"想进山"的愿望。进山，就是抛家弃子、住进山里的意思。

我定居的集落里，村民热衷于御岳信仰。御岳，指的是木曾的御岳山，这里曾是修验道的灵山，但在明治六年（1873）独立为"御岳教"。想来是因为明治政府于前一年（即明治五年）发布了"修验道废止令"，时人为了逃离苦境、延续信仰，不得已带领教派

走上了神道化之路 [1]。

在这个拥有御岳信仰的集落里，Y 先生的父亲曾是中心人物。这样一个人提出"想进山"，家人立刻明白了他的意图，并阻止了他。

从古老文献中可知，日本古代就有"山林修行"的说法，意为"进入山中修行"。具体包括各种苦修：在山间行走、被瀑布冲刷、置身绝壁、盘坐岩洞之中，等等。

一般认为，修验道这种山岳信仰是由役行者（役小角）于 6 世纪 00 年代末开创。在奈良，从吉野、金峰、大峰到熊野的山岳地带都被开辟为根本灵场 [2]。镰仓时代，全国各地都曾设立修验道的道场，其中最主要的道场分布在岩木山、出羽三山、日光二荒山、筑波山、秩父三峰山、富士山、御岳山、立山、白山、

---

1 日本明治初期，政府以"祭政一致"为口号，采取神道国教化与神佛分离的政策，引发了一系列废佛毁释（排除佛教）运动。修验道在江户时代一直以神佛混淆的形态存在，进入明治初期，也在新政策的影响下迅速走向解体。许多修验道的道场为了存续，被迫在政府命令下采取一定措施，其中之一就是神道化。

2 根本灵场：统辖该宗派各本山的中心地，类似宗派的权力中心。

石锤山、英彦山等地。上野村因为位于中山道的小路上，只要穿过中山道，就能到达御岳山。

从上述修验道道场的分布情况可以看出，从前日本的修验道信者甚众。那么，以"山林修行"闻名的修验道又是什么？这个问题很难找到准确的答案，因为修验道的信仰核心不在于教义，而在于修行。在自然中修行，就是这种信仰的全部奥义。因此，它的教义也会随时代变迁而变化。古代盛行"本地垂迹说"[1]，"山神"也能在这种说法中找到对应的形象。比如他们认为，大峰修验之"神"，"藏王权现"的本来姿态是佛教的如来，盖因"垂迹"而化身为日本的"藏王权现"。随着密教[2]的普及，修验道又与密教教义相结合，衍生出天台宗的本山派与真言宗的当山派。虽然很多修验者时而被称为"行者"，时而被称为"山

---

1 本地垂迹说：本地，指本体，原本的姿态。垂迹，指神佛为救济众生而在现世化身。本地垂迹说认为，日本神道中的神是佛与菩萨的本体以俗世之形出现。这种形态被称为"权现"。

2 密教：佛教流派之一，意为"深奥秘密的教义"。以《大日经》《金刚顶经》为经典，信奉大日如来。公元7世纪左右，密教在印度兴起，后传至中国、日本，在日本发展为真言宗（东密）和天台宗（台密）等。

伏""圣""上人"，但他们并没有可以奉为圭臬的明确"教典"。况且政府在明治五年（1872）颁布了"修验道废止令"，此后，诸多派系都受到了严重打击。

因此，这里我想讲的与其说是修验道这个教派，不如说是信赖这种"带有修验性质的信仰"的人们的精神。

第二章已经提到，传统的日本人认为自然之中存在一个清净的世界。因为自然生命的行为不是为了主张自我。用道教的话说，就是"无为自然"。因为不主张自我，生命才能自然而然地流动。但人类总是习惯主张自我，并用知识将其主张合理化，渐渐也就分不清真假了。在这个过程中，人的灵也不断被污染。虽然这种污染能在死后借自然之力净化，让灵魂回归自然，获得永恒的生命，但有些人无法忍耐自己的灵被污染，于是会在活着的时候就开始"山林修行"，在自然中反复进行严酷的修行，这种修行，就是洗去污浊的唯一办法。因此，修行就是修验道的全部，教义只是一种补充说明。

自古以来，立志"山林修行"的人都是凭借自身意志进山，不需要获得任何机构的认可，也不必在寺庙剃度出家。《日本灵异记》[1]把这种人称为"私度僧"，对其多有刻画。"私度僧"，就是没有正式接受剃度、自行决定出家的僧人。

进山，意味着舍弃人世间的一切，舍弃文明的生活，包括家庭、村落、共同体、社会，换句话说，就是抛弃人为创造的一切成果，住进山里，独自迎接死亡。按照古代习俗，进山的人连工具也不能带，因为工具也是文明的产物。进山后可以吃树木果实或草根。严格说来，也不能用火。因为自然界的生物不会生火来料理食物。修行者就这样过着动物般的生活，同时严格修行诵经，把灵魂污浊的自己逼向死亡。当在文明世界里生活过的、现实中的自我迎来死亡的那一刻，"我"就能与山神融为一体，重生为清净的灵。

---

1 《日本灵异记》：成书于822年，日本平安前期的佛教故事集。以汉文撰写，共三卷，收录了雄略天皇至嵯峨天皇时期的各种民间传说与因果报应的故事。

当然，在这个过程中，有很多人真的会死。也有行者不断往返村落与山中，或是一边修行，一边靠家人送来的食物过活，并非所有人都会严格遵守规定。因为"山林修行"本就起源于民众信仰，民众当然可以自由选择具体的修行方式。

如此这般，人们相信，重生后的行者、山伏、圣、上人，因与自然产生联结而拥有了超自然的灵力。行者会到村里为病人祈祷康复，或是向上天祈雨。村民们向行者祈求，行者也会给予回应。

抛弃文明、抛弃人世的死，以及与自然融为一体的重生，就是"山林修行"，也是民众的修验道精神。

我在上野村的邻居，Y先生的父亲所说的"进山"，指的就是这种"山林修行"。就算不特意进山，我们这个聚落也已经处于深山之中了。Y先生的父亲生活在这种环境里，应该已经足够贴近自然、与自然同步，可他依然觉得自己的灵被污染了。照此看来，今日的我们又该如何自处呢？

不过，或许正是因为他与自然紧密相连，才更容易发现"我"渐渐脱离了自然。"我"的堕落如此明显，以至于让他走投无路，不惜抛弃文明，抛弃人世间的一切去寻求净化。

当Y先生的父亲提出要进山时，家里人都表示反对。如果他们当时同意了，Y先生的父亲或许会走上严格修行的道路吧。这一来，他很快就会死，不可能重生后返回村里，只能命丧山中。

然而，家人的反对却让这位父亲苦不堪言。他想舍弃那些人性的东西，却因此遭到家人的反对，而这种遭到反对后产生的情绪，也是他想舍弃的人性的一部分。到头来，他怎么也无法舍弃"我"，因此而痛苦不堪。

最终，Y先生一家决定接受父亲的决定。毕竟Y先生自己也信仰御岳修验。于是，他父亲终于在某年春天进了山，除了经书，什么都没带。

据说他们家的人偶尔会进到山里，在远处观察他父亲的样子。春去夏来，秋天也结束了，Y先生一家开始迷茫，究竟该不该眼睁睁看着父亲自生自灭呢？照这样下去，父亲肯定会被冻死。入冬后，山里的气温会迅速下降。

经过商讨，Y先生一家决定进山说服父亲回家，最后真的带着父亲下山回来了。

"作为家人，我们真的没法对他置之不理。"Y先生说，"但我至今也不知道当时的做法到底对不对。"

Y先生表示，他父亲这样的人虽然不算多，但在当时也不算罕见。隔一阵就有人想"上山"。

一般说来，民众打定主意要"山林修行"，是因为他们认定孩子长大了，可以接管家中一切事务。古代人似乎把四十岁看作一个分水岭。Y先生的父亲进山是在战后，想来就是四五十年前的事。我当时忘了问他具体年份，但Y先生现在已经九十多岁了。推算下来，那应该是在20世纪50年代，也就是昭和二十年代后半到三十年代前半（1951—1960）。

四

对村里人来说，"自然"有着丰富的内涵。"上山"

就建立在这种丰富的自然之上。"马头观音"则昭示着自然中存在时空裂缝,动物也有灵力。从Y先生的父亲身上,我们可以看到修验道的传统精神:舍弃文明、舍弃人世,通过与自然融为一体来获得救赎。

这一切都是"自然"。也正是因为人类如此看待自然,才有可能发生被狐狸骗的事。

然而,直到今天,生活在村里的人对动物的态度也很复杂。不只是我住的上野村,进入20世纪90年代,全国有大量山村的作物遭到动物的严重破坏。野猪偷吃地里的土豆、山药、大豆,猴子也会来觅食大豆。此外,猴子还会偷葱、香菇、水果,偶尔还偷南瓜、西瓜、白菜等。除了野猪和猴子,鹿对庄稼造成的危害也不小。只要是长叶子的植物,鹿都会啃。除了东北地区没有野猪的山村,其他村子的田地大都是被野猪、猴子、鹿破坏的,村民常常为此苦恼。

因为上述情况时有发生,这些动物也成了村民眼中的害兽。话虽如此,他们潜意识里仍把动物视为同村生活的伙伴。从传统意义上讲,"村子"并不是指人类构成的村落社会，而是指自然与人类共同构筑的社会。这么看来，动物也是村里的成员，是共同体内的伙伴。

事实上，村里人对动物的态度也是灵活多样的。某种动物在某种情况下是害兽，但也是生活在村子里的伙伴，进入冬天的狩猎期，还会成为村民们狩猎的对象。另一方面，这种动物也可能被视为拥有超自然灵力的生物，因知晓如何前往神灵世界而受到人们的尊敬与崇拜。这种情况下所说的"神"，就是自然本身，也是自然的真理。

照此看来，人与动物的关系既矛盾又紧密相连。它们虽是人类的伙伴，却又被人类视为狩猎对象；虽然受到人类的尊敬，同时也被看作害兽。总而言之，这些矛盾关系是并行不悖的。

在我看来，这大概就是存在于日本传统民众精神之中、人类无法摆脱的"绝对矛盾"。

当然，人类为了生活而保护田地不受动物破坏，偶尔猎捕动物填饱肚子、剥下毛皮的行为都是被允许的，因为自然界的生物都是如此谋生。鸟类食用树木或草木的果实，狐狸追逐田鼠或野兔，虫子啃食草木叶片。自然界的生物链就是如此，作为自然中的一员，人类也获准如此。

不过，人类的问题比较复杂。因为人类猎取自然中的生命、与动物对立，也可能不是为了生存，而是为了满足自己的"欲望"，二者之间的界限很模糊。

例如捕猎动物的行为，如果人也跟狐狸、鹰、鸶一样，是出于猎食的目的，捕猎就是一种"自然行为"。但人类除了出于"自然行为"，还会为了获得财富、彰显自我或吹嘘自我而狩猎。后者不是"自然行为"，而是具有"我"与"自我"意识的"人类行为"。因为"自我"的存在而生出私欲，这种私欲有时指向聚财敛富，有时指向自我表达。

那么，这种"人类属性"该予以肯定吗？

我认为，日本民众对此是持否定态度的。这里所说的"日本民众"，指的是与自然共生的村里人，不包括都市居民。因为只有明确了定义，才能弄清与自然共生的人们的精神。

若是"自然行为",当然该予以肯定,若是"违背自然的行为",自然该予以否定。但这种衡量方法也存在问题。那就是人类的"自然行为"与"违背自然的行为"之间,还存在无法分类的行为。

比如有个以积累财富为目标的人,如果他是想借此获得权力、过上充裕的生活,那明显是违背自然的行为。因为自然界的生命不会产生这种想法。但他若是为了将来可能出现的逆境而提前做准备,事先积累一定财富以度过危机呢?自然界的生物也有类似的储存行为,比如为了过冬,松鼠和田鼠会提前准备食物,蜜蜂也会囤积蜂蜜。这么看来,适量存储也可以看作一种谋生行为。

纵使如此,人类的存储与自然界的生物之间依然存在差异。第一,自然界的生物只会存储必要数量的东西,人类却搞不清所谓的"必要数量"是多少,出于危机意识,人只会不断地存储。第二,就算松鼠和田鼠吃不完存储的果实,也不会给自然造成负担。就算这些果实因此被搬去很远的地方，对植物也是有益的。换句话说，动物吃剩的东西不会被浪费，最终都会回馈给自然。与之相对，人类的存储行为完全是为了自己，最多是为了家族利益，与外部世界无关。

这样看来，少量存储也不应该吗？如果否定了这种行为，人类也会丧失存续的理由。

问题在于，二者间的界限太模糊。为什么会这样呢？因为人总是对自己的"生"感到不安，只要活着，这种不安就不会消失，与之相关的课题也就没有尽头。由于总是怀着不安考虑问题，不安消失之前，问题也会一直存在。而这种对"生"的不安，具有私人属性，与外部世界没有关联。

为了消除不安，就会产生欲望，从积极意义上讲，这种欲望会催生上进心，引领文明的发展；按这个方向理解，不安也带来了通俗意义上的人类进步。说起来，在欧洲思想界，比如克尔恺郭尔就认为，人存在着生而为人却无法消解的不安，存在着只有通过与神结合、以超越性的观点才能驱散的不安；而这种疏导不安的方式，正是人类的本质属性所在。只不过对这样的人而言，通俗意义上的人类进步并不值得肯定。

而在日本，与自然共生、生活在自然周边的人，正是因为能看到自然的本来面貌，才会发现无法按自然法则生活之人的问题。至于为何不能按照自然法则生存，答案植根于人类的本性之中。亦即，人只要活着，就必然拥有"自我""我""个人"的意识。如果把"生"视为自己独有的生，就会产生不安。过去的人把这种人类特有的不安视为凡夫俗子的表现。与此相对，自然是清净的。因为自然从不过分表达自我，春来开花，秋至枯萎，接受了这种自然循环，就不会感到不安。

五

我在群马县的上野村有块地，每当播种之后，地里钻出新芽，都要进行间苗 1。留下最强壮的一棵，把

---

1 间苗：也叫疏苗。为避免幼苗拥挤，保证其拥有充足的成长空间与营养面积而拔除部分幼苗，选留壮苗，提高后期产量。间苗的日语"間引き"也有"为减少家中人口而杀婴"的意思。

旁边两三棵都拔掉。

这项工作对我来说相当痛苦，其他村民也有类似的感受。至于为何痛苦，因为我们明白，被拔掉的那些苗也很想活下去。

如果种植作物只是为了填饱肚子，那没有问题。自然界的生物也有靠吃草或叶片生存的。但自然界的生物不会根据自己的需求或动植物的长势，提前扼杀那些不够好的。间苗是人类特有的行为，其背后贯彻的思想是"长得不好就没有生存价值"。如果这种态度只是针对自然界，而不针对人类，就太不公平了。但若把这种观念应用在人类身上，排除发育得不好的人，则会变成过去纳粹党的优生思想 [1]，这当然不行。既然对人类不可行，换成植物怎么就能下得去手呢？

在间苗的过程中意识到问题所在，但还是会为了获得满意的收成继续间苗。那么，何为满意的收成？

1　优生思想：早期的西方科学家为了避免遗传上的问题、改进后代的基因而开辟了优生学，20 世纪初，德国学者又提出优生卫生学，宣扬北欧人是优秀人种，应防止种族血统被污染。后来这种思想与纳粹的排犹种族主义结合，演变为屠杀犹太人的理论依据。

为何一定要获得满意的收成？这里面果然还是掺杂了自我意识。

每当想到这里，间苗就令人痛苦不堪。

农活干得多了，偶尔也会对石头生出感激之心。尤其是在盛夏播种时节，连日晴天导致降水不足，种子出芽情况不好，但偶尔能看到新芽从小石头旁钻出。因为石头下有水分，植物的根系会朝那里生长。这种天气里，蚯蚓之类的小生物也会躲在石头下，石头守护着地里生物的世界。这种时候，人会强烈意识到石头带来的帮助，发现石头也是相互关联的自然生命世界里的一员。

佛教思想里有句话叫"一切众生，悉有佛性"，出自《大般涅槃经》[1]，意思是所有人都具有佛性，所以人人皆可成佛、人人都会成佛。不过，这句话传入日本后，变成了"草木国土，悉皆成佛"或"山川草木，悉皆成佛"，意思是无论有生命的草木，还是无生命的

---

1 《大般涅槃经》：印度佛经，简称《涅槃经》。北凉时期由天竺人昙无谶翻译为中文。

土石，万物皆有佛性，皆能成佛。在印度只对人类通行的思想进入日本却发生了变化，变成自然界的一切生物，包括无生命的无机物，也和人一样拥有佛性。

这句话后来作为"天台本觉思想"[1]受到推广。它认为草木的荣枯，亦即草木生命的无常体现了草木的"开悟"；认为现实中的表象世界也能成为佛祖降临的世界、参悟的世界、即身成佛[2]的世界。

并非所有的佛教研究者都认同本觉思想。如果表象世界真的等同于开悟后的世界，那人类大概也无需修行，只要保持现状就好。

我的关注点在于，这种本觉思想在中世时期逐渐独立于天台密教，渗透到广大民众之中。为何在佛教逐渐日本化的时期，本觉思想会广泛渗透到民众之中呢？

1　天台本觉思想：又叫天台本觉论。始于平安后期，盛行于中世，以肯定的态度解释了天台宗的现实与欲望。扩大了本觉的含义（本觉，指人心本来就具备的觉悟、智慧），认为现实世界与人心本来的面貌即是真理，亦即本觉原本的姿态；将烦恼与菩提等同，有轻视修行的倾向。
2　即身成佛：认为人无需多事修行，以现有的肉身即可成佛。真言宗将此视为根本教义。

宗教学的研究者们大都倾向以教义为中心来考察宗教。《大般涅槃经》中记载的"一切众生，悉有佛性"在中国催生了"一人得道，鸡犬升天"（如果人能成佛，与此人有关的一切自然生命都能成佛）的思想，在日本却变成了"草木国土，悉皆成佛"（草木本身就有佛性，无论它们是否与人类有关，都能成佛）。连岩石都能成佛。在这个演变过程中，可以看到"天台本觉思想"在经历了最澄[1]的努力后，逐渐在中世确立起来。也能看到佛教深化到极致的模样，与它对自身的否定。佛教为何会产生自我否定呢？因为如果现实中的一切都有佛性，都注定能成佛，那万事万物只要按原本的样子活着就好，佛教也就失去了存在的必要。

　　不过，这种考察也属于研究性质的工作。我关心的点在于，当民众接触到本觉思想时，为何会产生认同，觉得"啊，还真是这样呢"。如果没有这种认同，本觉思想就不可能在中世壮大到如此地步。宗教本就

　　1　最澄：日本奈良至平安时代僧人，日本天台宗的开山祖师。

常与民众同在，我们不妨把传达教义之人看作民众的合作者。只有当民众精神与教义产生呼应，民众怀有的信仰因教义而被赋形，宗教才得以诞生。

幕末到明治时期出现的新宗教大都是以"某人某天忽然被神灵附体，开始传达神的旨意"这种形式诞生的。比如大本教[1]，就诞生于出口尚[2]被神灵附体那一刻。出口尚从前在当地社会毫不起眼，家中贫穷，生活艰辛，也没有学识，可以说属于社会底层人士。就是这位尚女士，有一天忽然被神灵附身，开始说些"莫名其妙"的话。这时，如果周围人都把她当疯子，大本教就不会诞生了。现在想来，它要是没诞生，也未必是件坏事。但当时有人从她被神灵附身后说出的话里领悟到某种"真理"。这些人开始奉尚女士为教祖，与她产生联结。大本教的母体由此萌芽。

按这种情况看，开创大本教的究竟是出口尚，还

---

1 大本教：兴起于明治时期的日本新兴宗教。

2 出口尚（出口なお）：大本教的开山教祖。她原本是丹波国（现京都）绫部一个贫穷木工家的寡妇，1892年自称遭神灵附身，创立大本教，向周围的农民、商人、工人、平民传播"艮之金神"信仰。

是从出口尚的话里悟出"真理"的人？

二者之间的共鸣才是最重要的。那么，为何有人能从出口尚的话里悟出"真理"？我觉得原因在于，这些人心中早已潜藏着与尚女士共通的部分。他们心中有类似的想法，只是无法用语言表达。那是一种无法表达的情绪。简单说来，就是无意识的意识。当这些意识与尚女士的语言发生共鸣，人群之中就会有人把尚女士的话奉为"真理"而非疯言疯语。所谓教祖，就是能为无意识的意识赋形，用语言表达它们的人。

我认为，宗教里的这种关系从古至今都未曾改变。如果无法调动他者体内那种无意识的意识，引发他们的共鸣，无论拥有多么深厚的宗教修养，也不可能催生大型的宗教性活动。

"山川草木，悉皆成佛"，如果这句话象征的本觉思想无法激起民众的深切共鸣，其思想就不可能被推广。本觉思想之所以能在中世以后俘获民心，也是因为它与众多百姓无意识中产生的思想发生了共振，并以"山川草木，悉皆成佛"的形式将其表达出来了。

与佛教思想相比，本觉思想是否正统，其实无关紧要，重要的是这种民众精神。因为日本佛教是与这种民众精神一同发展壮大的。

这么看来，弄清民众为何能从本觉思想中窥见"真理"，就显得尤为重要。而要解答这个问题，就必须深入挖掘生活在自然之中、与自然共生的百姓生活所孕育的民众精神的深层面貌。

幸运的是，时至今日，我们依然有机会抓住这种深层精神。因为百姓的生活虽然随着时代变化发生了改变，但其中也有沿袭传统、尚未改变的部分。当然，今时毕竟无法完全沿袭往日。随着时代的发展，农业形式、农民生活状态，乃至自然与村落都变了，包围村民生活的外部环境也变了。这一来，百姓的精神自然不复旧时模样。

话虽如此，只要百姓还生活在自然里，其生活方式的根源就不会变，他们依然要借助自然之力、与自然生命共生。从这个意义上讲，驱使中世百姓从本觉思想中悟出"真理"的精神，如今的我们也能拥有。

当农民的时间越长，就越是能领悟自然的伟大。从间苗的例子也能看出，人类总是会做出不符合自然本身的行为。这些行为偶尔会让人产生罪恶感，且越发尊敬奥秘的自然。无论土石、草木、虫子还是动物，都"自然而然"地生活在自然之中，这种存在本身是没有污秽、全然清净的。你可以说它是"清净的灵性"，也可以说它是"清净的佛性"（当然，佛性本来就是清净的）。因为自然的伟大力量表现在神身上就是灵性，表现在佛身上就是佛性。在日本传统的民众精神中，神与佛的内核彼此相通，只在表达方式上有所差异。

照此看来，野猪与村民的关系表现出来的动物与人的关系，也跟下面这种精神有所关联。第一，动物是伟大自然中的生物。第二，这些动物有时会成为人的狩猎对象，有时会被人当做害兽。如果只从功利或现实层面来理解第二点，就太过浅薄了。因为哪怕是面对狩猎对象与害兽，人类也总会产生自我怀疑，不知道这样对待动物是否正确。

当人类把动物当成狩猎对象，就跟狐狸捕捉野兔的道理一样，都是自然界的生物为了生存而采取的自然行为，这没有问题。可一旦狩猎行为之中掺杂了不同于自然行为的私欲，这种狩猎就不再正当。同样的，为维持生命而保护田地的纯粹行为没有问题，可一旦保护田地的意识里掺杂了自然界中不存在的、为保卫财富而采取措施的观念，这种行为就不再是生命自发产生的了。

问题在于，人类很难明确地把握这条界线。出自极端私欲的行为很容易分辨，但在你觉得没有夹杂私欲的行为中，也可能无意识地掺入了私欲。只要人类还拥有"自我""我""个人"的意识，这种关系就无法避免；而当意识到这种关系的存在，日本的佛教与日本的自然就同时迎来了繁荣期。

六

那是 20 世纪 60 年代后半的事了。我读《叹异抄》¹时忽然想到，所谓"开悟"，是否可以理解成"从自我解构中发现美"呢？当时，学生之间流行使用"自我否定"一词，我的想法或许也受到了时代的影响。

不是打造全新的自我，而是不断解构自我，或者说抛弃自我。并不是要寻找什么，只是不断地破坏自我。或许只有真正理解了（而非将其视作理论）人类之美唯有从这种解构、抛弃和破坏中诞生，才会渐渐懂得"开悟"的真意。以上，是我当时的想法。在这条求索的路途中，人们时而坐禅，时而投向阿弥陀佛门下，时而让自己与大日如来的空无世界合而为一。²

完成了彻底的解构，就能发现无限的自我，亦即空或无的自我。如果把"开悟"理解为"往生"，那么，用《叹异抄》的思想来解释"开悟"，好像也未尝不可。

---

1 《叹异抄》：相传作者是唯圆，记录了亲鸾（镰仓初期的僧人，净土真宗的开山祖师，提倡"恶人正机"说）讲述佛法的话语，书中批判异端主张，试图阐明亲鸾本来的信仰。

2 以上三种都是日本佛教的不同分支。

如今想来，我当时考虑的东西还真是抽象啊。这也体现出人类的抽象思考能力是有上限的。这种上限，源于我当时并不了解与自然共生的百姓、村民的精神。时至今日，我依然觉得从前的想法在理论上没有错，但确实缺少了某些重要部分。

如果用"解构自我"一词来说明，那么构建了日本佛教的民众，正是因为在自然世界的包围中借助自然之力生存，才发现了必须解构的"我"。这种发现不是源于抽象思考，而是在与"自然"这一朋友和他者的相处中，自然而然意识到的。因为人们每天都在日常生活中直面那个需要解构的"我"。

从这个意义上说，日本的民众思想，就是他力[1]的思想。民众发现了绝对清净的"自然"，在"自然"之态的引导下解构"我"的存在。其基底流淌着一种"奉自然为神"的绝对他力的思想，佛教则为这种思想提供了理论支撑。

1　他力：佛教用语。不是靠自己，而是借助神佛、菩萨的力量开悟。

这一来，想了解植根于民众的佛教是什么，就要先了解自然是什么。更重要的是了解与自然共生、借助自然之力维系生活却不愿割舍"我"的人类的真相。为此，还必须了解百姓的营生与村落的生活、耕地的方法……

日本的信仰或许正是扎根在这些认知构成的世界之上。如果不考虑这些因素，宗教考察就会停留在单单研究教义的层面，变成抽象的理论研究。

七

日本人会被狐狸骗的时代究竟是什么样的？那时的人拥有怎样的精神世界，又是如何在与自然的交流中度日？当我提出这些问题时，很快意识到这里面也有个相当深奥的课题有待考察。当身处现代的我们使用"被狐狸骗"一词来形容人的精神世界时，只会让人觉得怪异。但过去的人生活在与现代完全迥异的精神世界里，对他们而言，近在咫尺的狐狸是怎样的存在？进入正题之前，必须确认，那种我们如今很难理解的精神确实存在过。

基于这种视角，请容我在本章的最后聊一聊生命的个体性。

当人不再被狐狸骗的时候，有种仪式也从村落社会消亡了。说是消亡，但也有几种延续下来，所以准确说来不是消亡，而是变得"形式化"。这种仪式，就是民俗学所说的"通过仪式"。

从我居住的群马县上野村出发，往东京方向翻过山顶，就是埼玉县的秩父盆地。上野村所在的街道连接着长野县的佐久地区与秩父盆地，如今，街道变成了国道 299 号线。在这样的历史背景下，佐久地区与秩父地区的文化都对上野村产生了影响。

20 世纪 70 年代，姬田忠义[1]拍摄了一部纪录片，

---

1 姬田忠义：日本的纪录片导演、影像民俗学者。曾师从民俗学者宫本常一，并以参与宫本监修的电视纪录片节目《日本诗情》为契机，开始了拍摄活动。他以日本列岛各地的民俗仪式、民俗艺能为对象，制作了许多民俗纪录片，获得国内外诸多奖项。1976 年创办民族文化影像研究所。

名为《秩父的通过仪式》。事实上，这部片子记录的仪式中，有不少是业已消失、仅在拍摄时请村民们表演的。从20世纪60年代起，村子里的仪式就迅速走向分崩离析，姬田拍摄这部影片，就是为了趁村里还有人记得仪式细节时留下影像记录。

通过仪式，是指孩子长大成人的过程中举行的各种仪式。《秩父的通过仪式》是从孩子出生之前，亦即祈愿孩子出生的人们举行的村中仪式开始拍摄的。这种仪式的目的是祈求神灵赐子，村民须前往山中佛堂参加，有时还要在佛堂住一晚。

怀孕之后也有几种仪式。孩子出生三日后要参拜雪隐。这种仪式是为了向茅房之神禀报孩子出生的消息，须带新生儿一同前往。"雪隐""茅房"都是指"厕所"，如今上了一定年纪的人或许还记得幼时听大人说起过"茅房里有神灵"。

参拜雪隐时，要先用墨在孩子额头上写个"犬"字才能出门。这大概是借助犬类的强大生命力，祈愿孩子健康成长。有趣的是，参拜使用的茅房并非自家的，而是与自家间隔一户的邻居家的茅房。为何要这么做，我也不太清楚。总之，这一天是新生儿首次出门的日子。

之后还有各种仪式。等孩子长到五六岁，就能参加只有孩子举行的祭典仪式了。这时，年长的孩子会给年幼的孩子传授经验，彼此协作，完成祭典。如此这般，孩子们逐渐长大成人。

据上野村的人说，这里也曾有参拜雪隐的习俗。想来上野村的许多仪式、习俗都与秩父地区相通。但在 20 世纪 60 年代，上野村的通过仪式已经消亡了大半。

这部纪录片让我意识到，过去的人对个体生命的感知与今日不同。现在的我们会从个体性出发来理解生命。比如我的生命，你的生命。这两个生命可能毫不相干，也可能通过某种契机彼此相连；总之，我们思考生命的出发点是个体的生命。

在我们看来，每朵花、每棵树、每只虫、每头动物，当然还有每个人，都拥有各自独立的生命，整个世界就是个体生命的集合。

但我逐渐意识到，对村落而言，这种观念应该只是近代的产物。当然，在任何时代，生命都有其个体性的一面。所以我们作为个体诞生，作为个体死亡。但对生活在传统精神世界中的人们来说，这并非全部。他们还有一种生命观，是把个体视为整体的组成部分、与整体相互关联。我开始觉得，日本的传统社会，就是由这两种生命观——"作为个体的生命"与"作为整体的生命"——彼此融合、持续发展而形成的。

用树与林的关系或许更容易说明这种感觉。每棵树都拥有个体性的生命，所以树总是作为个体诞生，作为个体死亡。但每棵树也是森林这个整体生命中的树。当森林中的树失去周围的伙伴，只剩自己，往往就很难维系个体的生命；就算能生存下去，也会遇到各种苦难，改变原本的性状。

只有与森林这个整体生命世界融为一体，每棵树的个体生命才能存活。

这种关系在其他虫类、动物身上也是一样。只有森林存在、草原存在、河流存在，个体的生命才能存活，生命世界的个体性与整体性就这样彼此统一、互不矛盾地存在着。

从某个层面上说，传统社会的人也生活在这个世界中。人类虽是作为个体诞生，作为个体死亡，但也是作为村子里的生命诞生，作为村子里的生命死亡；而村子，就是自然与人类构成的整体世界。人类存在于这个复杂的生命世界中，是与生命世界息息相关的个体。

这就是传统意义上的共同体的生命。又因为这些人类拥有"自我""我"的意识，他们的精神与行为也会偏离共同体的生命世界。

正因如此，共同体的世界才需要地域文化（当地人共有的文化）。这种文化即通过仪式、年中行事。通过这些祭祀、礼仪，人们才能与自然、自然中的神灵、死者、其他村民产生连接，从中发现自己的个体生命。

如果只有在这种生命世界中，人才会被狐狸骗，那么人被狐狸骗的能力，就不再只是单纯的个体能力，而是能被共享的生命世界的能力。

第四章　历史与"看不见的历史"

一

　　下面让我们回到本书的出发点，说说被狐狸骗的问题。

　　我在前面提到，过去的日本人曾受到狐狸花样百出的欺骗。因为"被骗"的故事数不胜数。

　　但今天或许有很多人觉得，那不是真的被骗，只是以为被骗了。还有人会质疑，难道不是有人想把自己失败的责任推卸给狐狸吗？

　　我在前面三章所说的内容，简单概括起来，就是人会被狐狸骗的时代，与不再被狐狸骗的时代相比，人类观、自然观、生命观都有所不同。基于这些不同，人们日常的精神态度、交流方式也发生了变化。

由此可以推出，孕育出"人被狐狸骗"传闻的外部世界也跟当下大不相同。当外部世界不再如初，同样的现象还会发生吗？

过去，我在某个深山村子里听说了这样的事。明治以后，日本为了引进欧美的近代技术，招揽了许多外国技术人员。其中有些土木专业的技术人员会滞留在山间地区。有段时间，这个深山里的村子也迎来了外国居民。"然而，"村里人都说，"当时的村民总会被狐狸、狸猫、貉等动物骗，这在村里很常见，但那些外国人却从不会被动物骗。"

用当下的眼光去看，会被动物骗的村民才显得奇怪，但在当时，村民们觉得不会受骗的人更加奇怪。所以"外国人不会被动物骗"竟然成了一种"事件"，在村里流传了很长时间。

同处一地，也可能看到不同的现象。因为环绕每个人的世界各不相同。纵使村民与外国人所处的自然世界、生命世界在客观上相同，但他们各自理解的世界并不一样。就是这种理解上的不同，导致了差异的产生。

此刻正在写这本书的我眼前是群马县上野村的夏日风景。几户农家被覆满墨绿森林的大山包裹其中。其上是炎热的夏日晴空。

我第一次看到这幅景象，是在20世纪70年代初。当时的我觉得这里的自然——山也好、森林也好——都在拒绝我的进入，所以只能在河边垂钓。因为对森林一无所知，才以为耸立在我眼前的就是森林。它与环绕我的世界同在，对那时的我而言，只是作为现象存在的森林。

如今却不同了。说到森林，我会想起山顶的松茸差不多该冒头了。松茸一般生长在九月，但八月的雨后，甚至梅雨结束时也可能出现。这时节，上野村的乳茸、舞茸也到了生长期。这两种菌菇虽丑，味道却很好。那片区域的树能再砍掉些就好了。那块岩区下，鬣羚估计正睡午觉吧。那片泥泞的凹凼里，鹿或野猪正在清理身体吧。

这是我如今看到的森林。虽然客观上跟从前一样，但环绕我的世界变了，身在其中的我所理解的、作为现象存在的森林也变了。

人类不是生活在客观世界中，而是生活在自己所理解的世界中。既如此，村里人会被狐狸骗，外国人不受骗也很正常。因为环绕村民的自然与生命世界，亦即村民所理解的自然与生命世界，与外国人理解的自然与生命世界不同。

正因如此，我才觉得1965年之前，"人被狐狸骗"的真伪无法判定。因为1965年前后，环绕"我"的世界、"我"周围的现象世界并不相同。那么，人与作为现象展开的世界之间的交流方式也不同。现象世界因与"我"发生关联而存在，"我"也是在这种关系中与世界交流。这个"我"，是被现象世界环绕的"我"，村民则是与"我"共享这种存在方式的"我们"，"我"与"我们"的关系是不可分割的。

然而，现代的我们改变了存在方式，当然不会再被狐狸骗了。但这不能否定过去的人曾被狐狸骗过。因此，上述问题无解。

二

话说回来，人们在很长一段时间里一直被狐狸骗，意味着存在一段"人被狐狸骗的历史"。这是因为人类长期生活在这样的历史中。在这之中，既能看到狐狸的历史，也能看到自然与生命的历史。

不过，当下的历史学并不认为这是一种历史。因为如今的历史学研究是以文书记载的客观事实为基础对历史进行重构。人被狐狸骗的故事虽然可以引起民俗学的研究兴趣，却无法成为历史学的研究对象。

这一来，又会产生其他问题。假设村民长期生活在被狐狸骗的环境中，与之息息相关的自然与人类的历史也就存在于村民的历史中；如果将这部分历史弃之不顾，就没法弄清生活在村落里的人类的历史，以及与人类共存的自然的历史。我的问题是，这些能被称为历史吗？

过去，历史学的中心是"制度史"。我虽没研究过历史学，但也读过一些政治制度史、社会制度史、土地制度史相关的书籍。至于历史研究为何是以制度史为中心，大概是因为制度呈现了历史的核心部分。还有个关键原因是，关于制度的文献资料十分丰富，制度的变迁也好像排除了主观，给人以客观的感觉。

还有个原因，就是随着近代的到来，人们开始关注"应该如何改革与创造社会制度"。举例来说，日本在进入江户后期时，表面实行的幕藩体制[1]暴露出各种矛盾。一方面是町人社会的抬头，武士的地位相较于战国时代发生了难以遏制的改变。另一方面是天皇家族与幕府的关系亟需厘清，权力阶级必须从内部解决制度的变更问题。

从幕末到明治，制度问题成了构建社会的基本课

1　幕藩体制：日本的封建政治体制。由江户幕府及其统治之下拥有独立
　　领地的各藩组成的统治机构。

题。近代天皇制该如何实现制度化？是效仿德国的政治制度，还是法国的政治制度？土地所有制该如何规定？从税制到军制又该如何建立？采取什么样的选举制度为好？

为了建立美好的未来社会，人们开始关注和谈论制度。制度仿佛包含了整个时代，导致身处其中的人只能以制度史为基准，认为历史的核心尽在其中。

但在近代社会逐渐成形之际，人们又产生了不同的观念。因为近代制度以及孕育制度的理念跟现实社会的实际情况存在龃龉。

例如1789年，法国革命成功之后，法国社会以"自由、平等、博爱"为口号，完善了以此为基准建立的社会制度与政治制度。但社会是否因此真正实现了"自由、平等、博爱"呢？那倒也未必。虽然人们可以在制度的保障下自由生活，劳动者却因为拥有出卖劳动力的自由，反倒成了不自由的劳动者。社会不间断地制造不平等，人们非但无法博爱，还逐渐变成只顾自己的利己主义者。

在这种情况下，施蒂纳[1]提出，近代的自由，只是把社会承认的自由当作自由。赫斯[2]则认为，在货币拥有强大力量的社会中，人类只能对货币俯首称臣。托克维尔[3]在针对美国的研究中提到，哪怕制度民主，若是人们的精神走向一元化，强权社会的诞生就无法避免。

人们逐渐意识到，仅靠制度改革无法解决所有问题。这也让人开始思考，人是什么、人的幸福又是什么。这类问题从前是由宗教来解答的，在排除宗教的情况下，要回答它们并不容易。

我认为，正是这个课题的出现，给20世纪的历史学带来了转机。马克·布洛赫[4]等人意识到，必须从民

1　施蒂纳（Max Stirner）：德国的哲学家、无神论者，现代无政府主义先驱。代表作有《唯一者及其所有物》等。

2　赫斯（Moses Hess）：德国的哲学家、社会主义者，犹太人。

3　托克维尔（Alexis de Tocqueville）：法国历史学家、政治家，政治社会学的奠基人。代表作有《论美国的民主》《旧制度与大革命》等。

4　马克·布洛赫（Marc Bloch）：法国历史学家，年鉴学派的奠基人之一。代表作有《封建社会》等。

众和人类的角度重写历史，此后，历史学的重心从制度史转向了人类史，开始思考人类社会是什么、人类创造的社会史又是什么。当今历史学的主流——历史社会学，或者说社会史——就是如此诞生的。

历史学就是通过解读文献、文书，忠实、正确地描述过去。人类探究过去的目光受到其所处时代的影响。人类正是基于自己所处时代的问题意识在考察过去。这种对历史学的探究意志，就是历史学成立的前提之一。

三

过去是如何形成的？我们通过对其轨迹的考察来理解现在、把握未来。但这种考察也给人造成一种错觉。

所谓过去，是现在映射的过去。

当然，我们知道过去的某些事实。比如法国大革命发生在 1789 年，这个事实无可否认。但在我们说出"1789年爆发了法国大革命"这句话时，并不是在单纯地陈述事实，而是在知道"法国大革命是近代革命"的基础上，谈论它所包含的近代革命的意涵。也就是说，我们谈论的，是经过阐释的"1789年的法国大革命"。这种阐释通过当下的问题意识发挥作用，这种问题意识虽然属于个人，同时也建立在整个时代背景之上。

当下的时代背景促使个人产生了上述问题意识，催生出"被阐释的过去"。那么，这里所说的过去，就不是作为事实存在的过去，而是被当下人讲述的过去。

同样，我们都知道1600年爆发了关原之战[1]。从当下的问题意识出发，说起关原之战时，我们普遍认为它标志着战国时代的结束与幕藩体制的确立。这里提到的过去也是被讲述的过去。

那么，作为事实存在的过去又是什么？如果说，

1　关原之战：1600年9月15日，德川家康等人率领的东军与石田三成等人率领的西军在美浓的关原展开大战，东军大获全胜。此次战役决定了政权的归属，德川家康的霸权地位由此确立。

我们认知里的过去，是站在当下来解释和描述的过去，那我们就很难抵达"作为事实存在的过去"。

但很多人又会说，就算无法正确地认识过去，作为事实存在的过去也切实存在。人们耗费各种努力，阅读各种文献，不就是为了正确地理解过去吗？通过这些努力，就算无法百分之百正确地还原过去，也能拼凑出一个接近事实的过去吧。

对此，我持半肯定半否定的态度。以近代以来的汽车研发为例，存在一段以汽车的移动、运输手段为中心的历史。这段历史，可以通过对大量资料的细致考察，把握汽车的研发、改良、量产化，以及被社会接纳使用的过程，获得一段与事实相近的历史描述。

然而，这里也存在一个问题：研究者想通过汽车的历史表达些什么？是为了描述近代产业的发展史？技术人员的奋斗史？投身该产业的劳动者的近现代史？抑或是从当下出发，描述汽车产业如何演变成了破坏环境的罪魁祸首之一？因为我们所处的世界，要求我们用多种角度思考问题。

这一来，最终形成的结果，就是从当下的问题意识出发所讲述的汽车的历史。

可是，又有人会说，如果排除一切主观因素，只追求客观事实，就能得到纯粹的事实了吧？

对此，我只有两点想法。第一，就算人类以为自己能排除主观因素，也没法真正做到。因为人类虽然错把主观当成个体产出的观念，但那其实只是个体在其所处世界的影响下形成的个人观念。亦即，外部世界不间断地要求个体具有主观性，只要生活在这个世界里，个体的观念都带有主观色彩。所以无论自觉不自觉，只要人无法跳脱自己所处的世界，就不可能隔绝主观意识。

还有一点必须强调，就是何为"客观事实"。举例来说，明治政府在1868年建立是个客观事实。但我们谈论它时，就预设了一种主观认知：明治政府的建立推动了历史的发展。也就是说在1868年，江户变成了东京，东京成立了新的中央政府。事实上，这件事并

未影响到全国所有人。各地还残存着一些藩镇。直到
1868年，不少村落的村民依然维持着从前的生活与劳
动。确实有很多人没有在1868年迎来历史的转折。

那么，我们该重视哪种事实？根据不同的主观选
择，"客观事实"也有不同。

不过，又有人会提出异议：确实有很多人并未在
1868年迎来社会的变化，依然过着从前的生活，但明
治政府建立后，他们也会逐渐受到影响啊。既如此，
对他们来说，1868年也是变化开始的一年。

这么说也没错。就算村里的"明治维新"时隔数
年才真正开始，但维新的方向确实是在1868年就被决
定了。

如果上述说法成立，下面的观点也值得一提。假
设明治政府的建立让当时生活尚未发生改变的人们受
到了影响，那反过来，明治以后的政治史也在不断受
到村里农民们的影响。他们用一成不变的生活与劳动
持续给政府施加压力，日本的近代史也是在这种无言
的压力下展开的。

这一来，就算只选择"明治政府在 1868 年建立"这个事实，也有进一步讨论的空间。如果把 1868 年的事件焦点放在那些过着"一成不变的生活与劳动"的人身上，就可以从"他们对日本近代史造成了何种影响"的角度来解读历史。

四

在此，我要提出一个课题，"历史"是否存在普遍性的事实？

前面也说到，历史确实存在年表性质的事实。按照一般说法，日本的大化改新[1]发生在 645 年，这是无可否认的事实。但要问何为大化改新，答案就不止一个了。就算是站在当时的权力者角度，这场改革也可以分为掌权者讲述的大化改新，与因改革而失权

---

1 大化改新：日本古代政治史上的一大改革。645 年，中大兄皇子与中臣镰足等打倒了苏我氏，立孝德天皇，建立了以律令制为基础的中央集权制国家。次年颁布改新诏书，公布了改革方针。

之人讲述的大化改新。此外还有身处权力世界，但采取旁观态度之人讲述的大化改新。除此之外，还可以从百姓的角度来看大化改新。百姓按地域可以分为畿内[1]各地的百姓与关东、东北的百姓，不同地域的百姓讲述的大化改新必然有所差别。从职业来看，百姓又可以分为以农业为主的人和以其他生产方式为主的人，他们眼中的大化改新应该也有差别。

就算把年代局限在7世纪，同时代的人对大化改新的认知也存在各种差异。更何况是后人对大化改新的"研究"，不同时代的人都带着该时代特有的问题意识——也就是前面提到的该时代的意志、探索历史学的意志——在展开他们的研究。

上面提到的一切都是大化改新。是不同背景、不同年代的人在自己所处的世界中体察的大化改新。这里面存在某种普遍的客观事实吗？毋宁说，历史就是以复数形态存在且相互叠加展开的。

1　畿内：日本古代律令制国家规定的行政区域。最初指京都周围的山背（山城）、大和、河内、摄津四国，后又从河内分出和泉，故而共有五畿。

五

过去，总有人告诉我们，人类历经的时代是一串完整的历史。现在想来，这种历史观的诞生是基于"中央"或"中心"的形成。

比如《古事记》《日本书纪》[1]是古代王朝这个"中央"建立后被书写的历史。对这个"中央"来说，《古事记》《日本书纪》作为"正史"发挥着作用。

"中央"建立之后，就有了"中央"的"正史"，亦即"中央"记录的历史。这不仅限于古代王朝时代，所有时代都一样。也就是说，"中央"记录的历史，就是被奉为"正史"的"私史"。

问题是，这种"私史"在何时变成了"日本史"？这也意味着，"中央"的"私史"变成了"国民的

---

1 《古事记》是成书于712年的三卷本历史书，记录了从神话时代到推古天皇统治时期的历史，是日本现存最古老的史书。内容分为"旧辞"（神话传说）与"帝纪"（天皇世系）两部分。《日本书纪》成书于720年，是日本最早的敕撰史书，共三十卷，记录了从神话时代到持统天皇统治时期的日本正史。以汉文编年体形成。《古事记》与《日本书纪》一般合称为"记纪"。

历史"。

"日本史""法国史""美国史"虽是不同国家的历史，但本质是一样的；"国民历史"的形成总是伴随着"国民国家"[1]的建立。要把"中央"史变成国民的历史，就需要创造出共享历史的"国民"拟制[2]，当国民与"中央"发生关联时，中央史就能发挥国史（国民的历史）的作用。

此时，五花八门的历史就被归拢为统合、统一的历史。历史从此收束为单一历史，成为国民眼中的客观事实。

至此，历史学开始围绕客观事实的内容发生争执。人们站在不同视角，试图书写"真正的历史"，却没有人质问"历史被统一"意味着什么。

国民国家，也就是把人类作为国民实行统一管理

1　国民国家："nation-state"一词的日译，国内一般译为"民族国家"。日语语境中，为区别于基于种族的"民族"（ethenic group），强调现代国家中不分民族的全体国民作为国家主权者的概念，采用了"国民国家"的译法。——编者注

2　拟制：法律用语。把相异的视为同一事物，并赋予相同的法律效力。

的国家，它要对国民的语言、国民的历史、国民的文化、国民的体育等方方面面作出规定，力求创造一个国民共享的世界。其中之一就有国民的历史，对我们来说，就是日本史。也是因此，日本史被书写成了人类的历史[1]。

从前，以各种方式展开的"村落历史"与上述历史并不相同。那是在自然与人类的密切关系中展开的历史，是在生者与死者的相互影响中展开的历史。因为"村落"并不是活着的人的社会，从传统意义上说，它是自然与人类的世界，也是生与死的空间相互重叠展开的世界。

而当"国民历史"作为"中央历史"被书写和展开时，就被赋予了与后者相通的性格，即，"现在"被视为从"过去"发展而来的阶段。

为了让"中央历史"与"国民历史"相互重叠验证，必须创造另一种拟制：纵然历史上存在不少问题，

1　日本史（即前面提到的《古事记》《日本书纪》）包含神话史的部分，讲述天地始分，众神与国土的诞生，是一种日本视角的"创世记"。

但基本发展方向是好的。也就是说，让大家认为"现在胜过从前"。正是在这种共同感觉的基础上，"中央历史""国民历史"才被赋予了值得肯定的合理性。

这很容易就能实现，只需用现在的价值标准去描述从前即可。比如，现代社会的价值标准是注重经济实力、经济发展。根据这个标准回顾从前，会得出"从前的社会经济水平低，经济发展处于停滞状态"的结论。又比如，从现代社会注重科学技术发展的价值标准出发，会得出"从前的社会科学技术水平欠发达"的结论。此外，从现代社会重视人权或市民社会[1]的发展出发，也能得出相似的结论。因为从前的社会不像今天，从前的人也不认为经济实力、科学、技术、人权、市民社会有什么价值，所以用今天的标准考察从前，只能看到一个"落后的社会"。

就这样，历史被无意识的"恶意"改写了。"我们"

1　市民社会："Civil Society"一词的日译，国内一般译为"公民社会"。日语语境中，为了强调与国家、公制度保持距离，一般不采用"公民"一词，将在地域共同体、社会层面展开活动的个体称为"市民"。——编者注

也逐渐把这种历史当作正统的历史。因为"我们"与之享有共同的价值标准，也能认同在这种价值标准下写就的、让人产生"实感"的历史。

然而，这种精神的展开，会使得不符合当下价值标准的事物被隐藏。举例来说，在与自然紧密相连的关系中展开的历史，在当下的价值标准中会变成"看不见的历史"；在生者与死者相互关联的状态中展开的历史也是一样。人被狐狸骗的历史也会被简化为"前人的可笑故事"。

六

"国民历史"最终会被描写成一种宿命般的发展史。这里所说的"发展"的意识形态十分重要，因为它的存在就是为了形成这样的拟制：把民众统一为"国民"，让"国民"共享"中央的历史"。这种历史的根源还必须让"国民"拥有成就感。

这种历史也可以称为"线性历史"。历史被描写成一种"超越过去"的线性存在。

与之相对，在自然与人类的关系、生者与死者的关系中展开的历史不可能是线性的。理由很简单，自然不会"超越过去"，死者也不会。换言之，自然与死者会永远存在且"保持现状"。这种历史仅仅只是存在，无需被超越。

然而，近代以来，国民国家的形成让人们产生了一种感觉：历史需要不断被超越。从这个意义上讲，国家的历史也是不断走向发达的历史。很多人被这种"历史的发展"抛弃，以往的生活也遭到破坏。比如失去工匠身份、只能终日劳动谋生的人；比如被赶出农田的人；又比如因故乡沦为殖民地、往日生活惨遭破坏的亚洲、非洲、美洲等地的居民。他们经历的唯有"不断崩坏的历史"。

事实上，历史并非在各个方面都是不断进步、发展的。毋宁说，某方面的进步必然招致另一方面的倒退。

如今我们可以从"环境问题"获得相关验证。从自然环境的视角出发，任何人都能看出，历史是"倒退的历史"。

说实话，人们早该在近代形成期就发现这个问题。当然，"环境"问题在当时尚未进入大众视野，此处先撇开不谈。但从当下现实出发，还是该早早发现一个事实：被剥夺了过往劳动与生活的人们所处的世界，虽然迎来了某方面的历史进步，却也招致了其他方面的历史倒退与崩坏。

多数人不愿把这种现实视为"历史的倒退"。社会主义者，尤其是马克思及其拥护者在其中发挥了巨大作用。马克思的历史观肯定了近代资本主义社会的形成，并将其视为历史发展的一个阶段。从这个意义上说，马克思并未否定资本主义。然而，资本主义存在很多矛盾，在资本主义的状态下也无法得到解决。因此，马克思认为，为了进入下一个历史阶段，必须建设社会主义社会。

之所以这么说，原因之一就是马克思肯定了资本主义带来的生产力发展。因为他所构想的社会主义社会拥有最发达的生产力。马克思认为，所有人平等共享发达生产力的社会就是社会主义社会；既如此，必须把存在诸多问题但致力于发展生产力的资本主义视为历史的发展阶段之一。

近代社会的形成带来了诸多矛盾，着眼于这些矛盾的思想，却进一步把历史描述成一种发达史。这种思想覆盖了后来在历史学界不断壮大的马克思主义历史学。最终，无论是对国民国家与资本主义的形成持肯定态度还是否定态度的思想，都把历史描述成了一种发达史。

七

换言之，我们现在以为的历史，就是这样被各种要素建构起来的。一旦解读历史的方式被建构，讲述历史的方式也就被决定了。

亦即，历史被描述成了不断发展的历史、不断被超越的历史。伴随这种视角成立，从中溢出的部分就会成为看不见的历史。首先，因自然与人类的关系而产生的历史大半都会变成"看不见的历史"。当然，在自然与人类的历史中，某个时代也会出现能被归入"线性历史"的新事物。以森林的历史为例，古代都市的形成破坏了周边的森林，中国[1]山地开展的制铁工业也破坏了周边的森林。日本真正开始植树造林，也就是种植人工林是在江户中期，全日本范围内都开始种植人工林则是在二战之后。

上述这段历史可以被视为"线性历史"，但森林与人类的历史远不止于此。长期生活在森林附近，与森林朝夕相伴的人有他们的历史；他们周围那些变化寥寥的森林也有它们的历史。事实上，至少在战后全国范围内开始种植人工林以前，后两种历史比线性历史拥有更大的外延。

不过，从"线性历史"的视角看来，这些历史属于"看不见的历史"。

1　中国：指日本的中国地区，包含本州西部的冈山、广岛、山口、岛根、鸟取五县所占地域。

而在"看不见的森林与人类的历史"中，还有一种因生者与死者相互关联而展开的历史。具体说来，就是死者灵魂回归森林，与自然融为一体，再化作村落之神的历史。换言之，这些无关"发展、发达、不断超越"的历史，因为"看不见"而被舍弃，剩下的可见部分，就是我们现在所知的历史。

　　这么看来，人类被狐狸欺骗的历史，也可以算作一种"看不见的历史"吧。

第五章　历史哲学与狐狸的故事

一

"'历史'与记忆相关，'哲学'是理性的成果，以及，'艺术'是想象的产物。"（达朗贝尔[1]《百科全书》序言，1751，桥本峰雄译）

20世纪60年代后半，我第一次读到这篇文章时，对这种观点产生了强烈的排斥心理。因为当时的我认为，历史并非漂浮不定的"记忆"，而是确切存在的过往事实。不过，这种"批判"本来就是找茬，因为狄德罗、达朗贝尔等"百科全书"派的人都很重视科学性考察，对他们来说，历史就是经过科学性考察的过往事实。可见，我当时对"记忆"一词的排斥完全是错误的。

"只有在历史的发展，或者说发生阶段，历史性知识才真正成为一种科学。因为只有此时，人们才会把带有特殊因果关联的诸种事实视为特定领域的素材，试图得出纯粹的认识。换句话说，人们开始探索各种历史现象是如何生成，在其所处时代如何变化，又发挥了何种作用。"（伯伦汉[2]《何为历史》，1905，坂口昂、小野铁二译）

这段内容稍有些难懂，简单说来，就是作者指出，一切历史现象都有其原因和发展过程，由此才形成了最终结果。伯伦汉认为，历史学的目的就是探究这些内容，历史学者应该排除个人的主观，亦即采取价值中立的态度，纯粹地解读历史的形成。

过去，我也曾用这种态度理解历史，所以才会对

---

1 达朗贝尔（Jean le Rond d'Alembert）：法国物理学家、数学家、天文学家，在很多领域都有所建树。著有《数学手册》《动力学》等专著，还为《百科全书》撰写了序言。

2 伯伦汉（Ernst Bernheim）：德国历史学家，犹太裔。代表作有《史学方法论》等。

"记忆"这个暧昧的词语产生排斥心理。

不过，一旦站在"历史是在某种因果关系的影响下形成的"这一角度去看，就会发现一个与古典经济学的形成过程相似的棘手课题。那就是，人们的"自由"行动与历史运行有何关系？

下面用经济学来举个例子。假设大航海时代出现了一个为寻找"财宝"而出海的勇士，有不少人在他身上投资，为他提供航海的资金支持。如果这个男人平安无事地积累了"财宝"返乡，他和他的投资人都会成为富翁。这些人会新修或改建房屋、购买家具、日常用品等，他们所在城市的经济也会因此焕发生机。不过，万一这个男人在海上遭遇风暴、船只沉没，投资者中就会有人因此破产，他们所在城市的经济也会受影响而低迷。

换句话说，勇士的出现、遭遇风暴等偶然因素，会对现实和经济造成重大影响。

在产业革命时代也是一样。一个"优秀"的经营者或技术人员的登场、矿山的发现、战争的勃发等偶然因素，都对经济造成了巨大的影响。

一个现实问题是，经济就是在这些数不胜数的偶然的影响下不断发展的。这么看来，贯穿经济整体的"法则"，亦即伯伦汉所说的"原因—生成—结果"的构造并不成立。

古典经济学的创始人们对这个课题发起了挑战。从威廉·配第[1]到亚当·斯密、李嘉图、马克思等人的研究提出，乍看充满偶然性的经济背后存在一种贯穿整体的"经济法则"，正是这种法则在操控经济。

历史学也一样。以日本战国时代为例，当时发生的一切都是武将们的偶然行为。可见，能够操控整个历史的"原因—生成—结果"的构造也不存在。

二

针对上述课题，近代的历史研究分为两种方向。

---

1 威廉·配第（William Petty）：英国古典政治经济学家，统计学的创始人之一，最早的宏观经济学者。代表作有《赋税论》《政治算术》等。

一种是通过准确解读过去的文献，把历史作为一种客观存在的、合理展开的过程进行考察。历史学就是从中诞生的。说起来，年鉴学派[1]以后的历史社会学，开始把历史视为"被民众社会化的时间的推移过程"，但他们并不反对从客观性、合理性的角度阐释历史。

另一种方向，则是哲学家们解读的历史，亦即历史哲学的方向。早在18世纪，康德就提出一个问题：每个个体都在"自由"地、随心所欲地活动，作为整体的历史却呈现出唯一的方向性，这是为什么？他的《道德形而上学原论》（1785）就试图从人类的自由意志与普遍的自然法则的关系来解答这个问题。

针对这个问题给出明确"解答"的，是在谢林[2]之后登场的黑格尔。黑格尔（1831）死后，其演讲稿被收集出版为巨著《历史哲学》，对他来说，历史就是操纵历史的绝对意志、超越人类的崇高意志，亦即神的

1　年鉴学派（Annales School）：萌芽于20世纪30年代，形成于40年代的法国史学流派。

2　谢林（Friedrich Wilhelm Joseph von Schelling）：德国哲学家。德国唯心主义发展中期的主要人物。

意志的自我实现过程。

说了这么多，其实我无意对历史哲学进行说明。只是想指出，近代形成期的历史学与历史哲学都建立在欧洲特有的观点的基础之上。就算这种观点没有提到基督教的神，但无论是"超越者的意志、神的意志在历史中发挥作用"的设想，还是"历史是在合理的因果关系中展开的，这种合理的因果关系拥有绝对性"的设想，都受到了欧洲特有的精神的影响。确实，后者从历史中排除了神的存在，但不要忘记，它预设的"合理的因果关系"就是一种近似神的超越者。

由此应该能得出以下结论。如今我们以为的历史世界，是在欧洲本土精神的影响下形成的叙事。若真是这样，在这种叙事中，因狐狸与人类的关系而展开的历史就只能成为"看不见的历史"。

三

叔本华说："世界是我的表象。"（《论自杀》，1851，斋藤信治译）人类可以通过自身的内部世界去认识外部的世界。那么，如果有人认为历史拥有客观的合理性，并且按照"原因—生成—结果"的构造展开，只是因为他们的"内部世界"要求他们这样解读历史。

回顾欧洲近代的哲学史可知其中存在两大分支。一种把资本主义与催生近代市民社会的欧洲近代史视为一种良好的历史发展过程，对其持肯定态度。这种思想中存在一种精神，即把近代国家的形成、自由的发展、经济的扩大等一系列近代史过程视为历史的进步。前面提到的黑格尔就是其中一人。对他而言，近代国家与市民社会的形成过程是"人伦状态"的形成过程，也是自由的实现过程，还是操控历史的绝对精神的自我实现过程。

不过，构成欧洲近代—现代史的还有一种哲学史。代表人物之一，就是本节开头提到的叔本华。

进入19世纪，欧洲逐渐步入近代，近代社会的形成让一些思想家、文学家心生颓废。叔本华就是其中之一。如今，我们把这一流派称为浪漫主义[1]或是浪漫派。

叔本华研究的课题之一，就是人类不仅生活在客观的世界中，同时也生活在无法客观化的，亦即"世界是我的表象"所指的世界中。这一来，自然与人类所在的世界，至少有一半是研究"客观的时间过程"的历史学无法触及的。

21世纪初期，继承了叔本华这种问题意识的人里，有一个就是柏格森[2]。他试图弄清，持久存在的自然与人类的根源中存在什么，最终，他认为那就是超越智性的生命自身。如果柏格森的假设成立，智性只是生命的极为有限的一部分，那由智性阐释的历史就不该等同于历史的全部。因为还存在智性无法捕捉的

1　浪漫主义：18世纪末到19世纪初，在欧洲艺术、哲学、政治等各个领域展开的精神倾向或思想潮流。旨在反抗现有秩序、重视自我能力和精神自由。

2　柏格森（Henri Bergson）：法国哲学家、作家，论著《论意识的即时性》提出了关于时间的新概念，标志着柏格森主义逐渐形成。1927年凭借哲学著作《创造进化论》获得诺贝尔文学奖。他倡导生命哲学，宣扬直觉，认为唯有直觉才可体验和把握生命的存在。

生命的历史。如果把智性视为绝对，那智性无法捕捉的那部分生命的历史就成了看不见的历史。

不过，类似的问题意识在现代哲学里也十分常见。欧洲孕育出的思想发展到今天，都被证明存在一定的缺陷。比如保罗·费耶阿本德[1]曾说："为了整备扩张的知识体制，西方提出了两个观念，即'理性'的观念与'客观性'的观念；我对此都持批判态度。"(《再见了，理性》[2]，1987，植木哲也译）

人类的智性，以及靠智性理解的世界，已经不再是绝对的存在，至少它已经被限制，或成了否定的存在。

"虽然我们已经知晓自身的存在等于无，且无足轻重，却无法知晓得出这种结论的智慧是不是真正的智慧。"(列维-施特劳斯[3]《远近的回想》[4]）

1　保罗·费耶阿本德（Paul Karl Feyerabend）：出生于奥地利的美国科学哲学家。曾在加州大学伯克利分校担任哲学教授。他以无政府主义科学观和拒绝普遍方法论规则而闻名，是科学知识社会学领域的重要人物。

2　中文版译名为《告别理性》，此处按日版书名翻译。

3　列维-施特劳斯（Claude Lévi-Strauss）：法国作家、哲学家、人类学家，结构主义人类学创始人，法兰西科学院院士。代表作有《忧郁的热带》《野性的思维》《结构人类学》等。

4　中文版译名有《咫尺天涯》《今昔纵横谈》《亦近，亦远》等。

如今，要从现代思想家的作品中摘录类似的文章很容易。既如此，要带着这种问题意识重新思考历史也不是难事。

四

如果历史都保存在记忆之中，那最微观的历史就是我们记忆中的个人史。不过，我们虽然体验过这种历史，却无法正确地重现它。

举例而言，假设"我"现在五十岁，我身体里就保存了五十年的记忆。可是，这些时间无法作为整体再现，换言之，我无法想起所有的记忆，"我"能够记得并有所觉知的，只有这五十年时间内的数个时间点，以及连接点与点之间的细线。

"我"在某个时间点进入小学，又在某个时间点进入中学，就算我记得这两个点，也不代表我记得入学相关的所有事件。我能想起的只有另一些点：当时樱花开了、我莫名开心，以及入学仪式上的部分情景。

137

不过，这些点的再现依然能连接起点与点之间的细线，也就是小学时代的记忆，接着又让我记起这条线上的其他点。我由此想起了数段回忆。

不过，这些记忆只是"我"小学六年间的很小一部分记忆。比如小学四年级那年的十月二十日晚上，"我"在睡前想了些事，但那些事的内容，如今已经无法想起。

这么看来，记忆也会消失吗？如果"我"的记忆会消失，意味着"我"的历史也会消失，"我"就会成为没有历史的漂泊者。

事实并非如此。记忆和历史没有消失，只是看不见了。究竟为什么看不见了？是被"自觉""智性""理性""意识"……遮蔽了。以"智性"为例，被智性遮蔽的记忆依然存在于我们的身体里。

那么，"智性"是什么？它是由当下的问题意识重新塑造的智性。我们无法完全了解自己的智性，只有被当下的问题意识重新塑造的智性，才能作为"自觉的智性"存在。

也只有自觉的智性所能辨识的记忆，才能作为我们的记忆存在。

最终结果就是，如果我们身上出现了某种变化，自觉的智性的内容也会随之变化，由此导致我们的记忆也发生变化。下面举个例子。假设二十岁的"我"认为人类是孤独的，在孤独的重压下艰难生存才是人类的本质。那么，这种对人类和自我的认识就是我的"自觉的智性"。在那个时期，我只能记得与这种智性有关的记忆。小学时期的"我"的记忆或许也只剩下孤独的"我"的记忆。与朋友一起玩的经历明明存在，却不知为何从那个孤独的"我"的记忆中消失了。

然而十年过去，"我"已经三十岁了，假设"我"的"自觉的智性"发生了变化，开始觉得人类绝不孤独，一直生活在他人的陪伴中，并由此获得安宁。这一来，自觉的记忆也会随之改变。那些与家人共度的时光、与朋友玩耍的时光、与自然共处的时光，都会作为过往经历从记忆里浮现。

也就是说，我们体内拥有庞大的记忆，但只有很小一部分是可以重现的，其他大部分都是作为看不见的记忆而存在。

五

至此，我所说的"看不见的记忆"都是指无法通过"当下自觉的智性"窥见的部分。所以，只要当下自觉的智性发生改变，其他记忆也会变成"看得见的记忆"出现在我们的认知里。

不过，仅从这个角度谈论记忆还不够充分。因为记忆里还有大量无法通过智性看见的东西。

比如，身体记忆就是其中之一。工匠通过身体记忆工作方式。手、眼、耳、鼻、皮肤……每个部位都储存着相关的记忆。这种存储在身体之中，唯有通过身体才能再生的记忆，我们每个人都有。这类记忆无法使用自觉的智性捕捉，却能在使用身体时自动再生。所以工匠哪怕离开行业数年，一朝重拾老本行，依然能凭借身体记忆熟练地劳作。

此外，生命本身拥有的记忆也是用智性"看不见的记忆"。那是生存本身带来的记忆，也是伴随生命的跳动、生命的停滞一同存储的时间记忆。

这种生命的记忆很难用概念描述。因为生命本身难以描述。能描述的都属于智性领域，生命却一直是用智性"看不见的东西"。因此，想要描述生命，只能依托于其他事物。

比如前面提到的叔本华就说过："人一旦死亡，意识也会消亡。与之相反，此前产生意识的源头却绝不会消亡。"（引自前文提到的《论自杀》）这句话通过对"意识"与"产生意识之物"的设定，依托于"产生意识之物"，描述了"人类的根源性生命的状态"。

"直观[1]就是精神本身，从某种意义上说，也是生命本身。智性不过是从模仿物质生产过程的过程中切割出的产物。……从智性出发，绝不会转移到直观。"（柏格森《创造进化论》，1907，真方敬道译）

---

1 直观：哲学用语，指不用推理，直接就能捕捉到的对象，一般指感性知觉。

这里设定"智性"与"直观"的概念，就是在依托"直观"描述生命的存在方式。

如此这般，作为根源之物存在的生命，往往只有在依托其他事物的情况下才能被描述。铃木大拙曾依托"灵性"一词描述它，还有人依托"魂""灵"等词语来描述。如果"基因"也是用以形容生命的依托，以平常心接受它也无妨；但自然科学家们认为"基因"不是一种依托，而是掌控生命的实体，在我看来，这反倒陷入了认知的泥沼。

六

就算是最微观的历史——个人史，其中也存在大量"看不见的历史"。这些我们无法意识到的智性记忆、身体记忆、生命记忆等，因为与人类存在的根源息息相关，而处于我们"当下的智性"无法触及的角落。更进一步看，如果恰如荣格所说，生命记忆的内部不只有人出生后经历的历史，还潜藏着集体无意识（即继承生命的"人类史""生物史"的记忆），那么"看不见的历史"就会形成更加深远宏大的世界。

我们置身于如此宏大的历史世界中，却仅仅把由智性讲述的历史当成历史，生活在这样现象性的精神世界中。如此，作为整体的自我存在与智性所能认知的、作为现象的自我存在之间，就出现了巨大的裂缝。

我认为，我们的现状正是这条裂缝导致的。

近代思想对人类的智性赋予了绝对信赖。现在我们很容易就能举出其最有象征意义的哲学作品，即 17 世纪成书的笛卡儿的《谈谈方法》；此外，前文提到的"百科全书"派成员也能代表这个倾向。进入 19 世纪后，叔本华等人代表的浪漫派开始反抗这种倾向，进入 20 世纪后，哲学世界对此倾向的反抗也日益激烈。话虽如此，从整体上看来，人类对智性的信赖依旧牢不可破。

或许这就是人类把历史描述为一种发达史的重要

原因。智性植根于当下的问题意识，试图弄清历史究竟是如何形成的，进而对"出于何种原因、历经何种阶段才形成了那样一个时代"作出合理的解释。这一来，历史就被阐释成一种不断发生、不断走向发达的过程。更何况，这种历史观的背后，还有不断发展的欧洲与近代欧洲人的实际体验作为"一厢情愿"的证据。

可以说，黑格尔、马克思的历史哲学（即用发展的观点来解读历史）也建立在上述内容之上。如此这般，通过当下的问题意识，由智性捕捉的历史就成了人们心中不可动摇的历史。

如今，我们已经被卷入了这个历史世界，所以才要不断追求发达。只要智性还在统治历史的阐释方式，历史就必须是发展向前的。

然而，由智性阐释的历史明明在不断发展，我们却依然无法感到满足。也有观点认为，应该"从物质的丰饶转向心灵的丰饶"，但实际问题比这复杂得多。因为在发达型历史中实现的一切，绝不会只停留在

"物质的丰饶"阶段。

现在的我们可以轻松地踏上旅途。只要有心，就能搜集到世界各地的信息。言论、出版、思想的自由几乎都已实现。教育的机会俯拾皆是，政治上的选举制度也已确立。大街上人来人往，每个人都享受着"自由的市民社会"。当然，只要深入探究，就会发现这些现象背后都存在一定的问题，但大体上可以说，智性描述的发达社会图景几乎都实现了，实现的也不仅仅是"物质的丰饶"。

然而，我们依然无法感到满足。究竟缺了些什么呢？

身体的充实感。生命的充实感。被当下的问题意识截断的、"看不见的智性"的充实感。

因为我们生活在仅用智性阐释的世界里，置身于看不见的宏大世界里的那部分自我就开始控诉它的缺憾。这不就是我们当下的状态吗？所以，哪怕在智性领域里提出"转向心灵的丰饶"，试图填补这种缺憾，也不能解决任何问题。

七

接下来，让我们再次回到"历史"。我们认知里的历史，只是由智性描述的一小部分历史。在它周围还存在着庞大的"看不见的历史"。我们究竟能否捕捉到这些"看不见的历史"？

我认为是可以的。只不过，通过智性——严密说来，是通过与"当下的问题意识"紧密相连的智性——是无法捕捉的。因为它们存在于非智性的领域。

想来应该是这样吧。我们虽然无法对某些事做出合理的说明，但内心觉得它"可以理解""可以接受""可以体谅"。虽然无法用智性说明，但身体与生命已经捕捉到了那些真意。当身体的记忆与生命的记忆照向我们，就会产生"可以理解"的心情。

前面曾经引用柏格森的话，"直观就是精神本身，从某种意义上说，也是生命本身"，"从智性出发，绝不会转移到直观"。

这句话其实也是在解释如何不借助智性去表达

"可以理解"的心情。我们可以借助"直观"的形式"理解"和判断事物，而借助身体与生命形成的认识和判断中，并没有智性的介入，因此，我们总是以直观的形式表达这种结果。就像柏格森所说，智性无法孕育直观，直观是由生命本身孕育的。

虽然我认为，非智性的认识与判断并不都与直观有关，但在这个领域内展开的历史却值得关注。

前面也曾提到，由智性阐释的历史总是在历史中寻求合理性，试图用某种因果关系解释历史的形成，并从这个意义上将历史描述为发展向前的。也可以说，智性试图在时间中寻求发展。由于时间是线性的，总在不断流逝，想在逝去的时间里寻求某种合理的因果关系的感觉，就与智性的自我错觉完美衔接。因为智性总以为自身永远处于过去到现在、再到未来的合理性之中。通过置身于这种错觉中的世界，智性也对当下的自身予以肯定。因为它误以为当下的智性是建立在充满合理性的发展之上的。

然而，身体与生命的世界并非如此。虽然身体与生命中积累了各种记忆，这些记忆却在不停地寻找继承人。这种继承形式不是"发展"，毋宁说是一种循环。传授技艺，可以让技艺循环再生；传递生命，也可以让生命循环再生。

这就会造成如下状况：作为身体或生命记忆形成的历史只有在不断循环地积累历史的过程中才能被认知。因为智性要求历史具备合理性，受其影响，历史才会以"不断发展"的面貌显现，但仅仅这样，就无法辨识那些借助身体与生命构成的历史。

八

如今的我们生活在视智性为绝对的世界中。于是，那些无法被智性辨识的事物也渐渐变得难以捕捉。正是出于这个原因，人类被狐狸欺骗的故事才不再有新的产出。

第六章　人为什么不再被狐狸骗了呢

一

我在开篇提到，过去的日本社会不断生产着狐狸骗人的故事，这些传闻非但不稀奇，还可以说是随处可见。然而以 1965 年（昭和四十年）为界，再也没有狐狸骗人的新故事产出了。

在那之前，会骗人的不只狐狸，还有狸猫、貉（獾）、白鼬、黄鼠狼、尾裂……经过调查（包括罕见事件），我发现除了各种动物，也有鸟类、虫类骗人的传闻。人类就是以这种方式与自然紧密相连，自然与人类的历史也因此而交叠。

这段历史为何在 1965 年前后终止了呢？为了回答这个问题，首先要从"人类的存在""自然的存在"两方面说明"人被狐狸骗的时代"是什么样的。

二

先看各地祭祀的佛像，有一种是马头观音。马头观音原本是救济堕入畜生道之人的观音菩萨。但前文提过，很多村落在街道各处摆放马头观音，是为了供养马匹，为拉货马匹的安全祈祷。

再看祭祀地藏菩萨的习俗。地藏菩萨原本是印度教的大地神、地母神，在佛教中却成了救济佛。平安时代末期，随着末法思想[1]的发展，地藏信仰也在日本普及开来。当地藏信仰渗透到庶民阶层，地藏菩萨也

1　末法思想：认为释迦死后，五百年是行正确佛法的正法时期，之后由于不能正确修行，有一千年是没有悟道者的像法时代，再过一万年，就是只有教义留存的末法时代，直到教义消灭，就进入法灭时代。平安末期至镰仓时代，末法思想的广泛渗透引起民众的厌世观与危机感，在此影响之下，净土教日益兴旺，镰仓信佛教也逐渐成立。

成了背负人类一切愿望的对象。无论是祈求子嗣、保佑孩子健康成长、守护早夭儿童的亡灵、治疗疾病、延长寿命……人们都会向地藏菩萨许愿。

就这样，人们不断把各种观念融入自己生活的地域，结合本地特色创造出属于自己的神佛。

这种观念的背后，是日本特有的自然与人类的关系在发生作用。

过去，人们为了在某地安营扎寨、开垦土地，必须大力改造当地的自然。因为日本的自然虽然丰饶，却无法直接投入生产使用。

日本的自然条件比较复杂，有些地区每年都要经历数次暴雨、暴雪，还有些地方会遇到火山爆发、地震、山体滑坡等灾害。其中尤以河流的影响最大，村民们总是想尽办法治理它。

如今，日本的河流是从山间地区流下的支流逐渐汇入一条主流，最终注入大海。地图上的河流是用线条表示的。但从前的河流并非如此，而是在山地向平原过渡的扇形地区分流成容易泛滥的支流，往后又继续分流，时而形成沼泽，时而形成广大的泛滥平原[1]或湿地，并在这个过程中马不停蹄地奔向大海。海岸附近的河流往往会沼泽化，形成海河难辨的河口地带。如果这种状态能保持稳定，影响也不大。可惜日本的河流总有暴雨或解冻的雪水汇入，枯水期与丰水期的水量完全不同，河流也会不断改变流经方向，呈现出泛滥的景象。再者，入冬后，日本海一侧的风会带来大量飞沙，在河口附近堆积，最终拦截河流，使其回流内陆，形成大面积的沼泽。直到江户后期，日本海海岸种植了大量松树作为防沙林，修筑了堤坝划定河流走向，在一系列大工程结束后，海岸地区才形成了稳定的农村。

日本的自然确实丰饶，但也无法不经改造就投入生产使用。在日本列岛总人口仅有数十万人的绳文时代[2]，人们还能自由选择宜居的地方，但农耕文化

1　泛滥平原：河流周围非常容易受到洪水（通常为季节性洪水）影响的区域。

2　绳文时代：日本考古学上的划分，指制作、使用绳文陶器的时代，约在迄今 1.2 万年前到公元前 4 世纪左右。

普及之后，人口大量增长，人们只能不断开垦"危险地区"。此外，要开垦水田，不仅需要治理河流，还要修建水渠网络。开凿水渠的难点，不仅是要在起伏不定的山地挖出水渠，还要造出可以稳定使用的取水口[1]。如果从水量变化巨大的河里取水，取水口很容易被冲垮或被土砂填埋。这种情况该如何预防呢？

日本的村落与田地就建立在这些努力之上。为了维持住自己所在的地域环境，人们不断改造自然，由此形成了村落特有的自然。

三

如此这般，人们通过将村落中的各种事物改造成适合村落生活的模样，打造出专属自己的地域。就连神佛也被改造成具有本地特色的神佛。换言之，村民

---

[1] 取水口：此处指从河流、水库、湖泊等提取灌溉用水的地方。

把神佛改造成村落的守护神、守护佛，相关的神佛信仰也在村子里扎下根来。

村落的神与佛，其本体就是村落所在的自然，同时也是村民的祖先。超越人类智慧的自然就是神；把这种自然改造成村落的自然，并守护村落生活的祖先就是神。自然神与祖先神合二为一之后，就会被村民们视为村落的守护神供奉起来。佛教的佛很快也与这种神融合，扎根在村民的信仰之中。在传统的村落里，神即是佛，佛教虽然分为许多宗派，但村里只信奉村里特有的佛教。

四

我所居住的群马县上野村某集落里，有个村民去世了。那是大约三年前（2004）的事。告别式上，我听说这个家信仰神道，葬礼也采用了神道的形式。作为"新来的"居民，我对这类仪式很陌生，正琢磨着"这家人办的葬礼是神式啊"，立马就看见僧人无比自然地走进会场，开始念经。我心想："怎么回事，这也行？"忍不住四下张望，现场却没有任何人露出惊讶的表情。[1]

之后就是烧香。我很好奇，不知道具体流程是怎样，但很快发现这一步采用了神道的形式，即进献榊树枝[2]、无声地拍手。人们依次在念经的僧人旁边拍手，离开。我左顾右盼，竟没发现一个人表情有异。[3]看来，这种保留了传统习俗的山村至今依然是神佛一体的世界。

五

前面说到，村民把村里的一切事物改造成适合村

---

1 神式的葬礼一般由神社的神官主持，文中的村子里却是由僧人主持的。

2 榊树枝：即杨桐的树枝，上面系有神道的纸垂（一种白色纸挂，有驱邪的象征）。也就是"玉串奉奠"的"玉串"。

3 一般来说，神式葬礼上不会烧香，而是代之以"玉串奉奠"，到场的客人依次从主持仪式的神官手中接过榊树枝，供奉在神前的玉串桌上，然后一礼、二拍手（拍手时不能发出声音，这叫"忍び手"）、再一礼。拍手时，身旁站的是神官而非僧侣，所以本文作者对此感到诧异。

落生活的模样。这种生活方式要求智性的传承、身体性的传承、生命性的传承。人们有时要在劳作中用到智性，但仅有智性无法维系村落生活。所以第二，必须有身体性的持续与传承。身体性，在多数情况下等同于"技术"，开垦土地的技术、维护水渠的技术、养护道路的技术、布置山石与修建房屋的技术、从山上采摘各种东西的技术，以及加工各种产品的技术。人们必须用身体牢记这些技术，并代代相传。身体则运用自身的力量，帮助村民创造出村落的历史。

还有一点，可以称之为生命性的历史，亦即自然的生命与人类的生命相结合而创造的历史。

日本的传统文化并没有"把自然视为人类之外的客观存在"的观念。因为过去的日本人认为，自然就是经过他们改造的村落的自然。自然不是仅靠自然之力构筑的生命世界，而是在"祖先"之力的庇佑下被创造出来的。自然的历史与人类的历史是一个整体。

不过，并非所有的自然都是这样。深山之中也有仅靠自然之力形成的自然世界。那是超越人类智慧的自然。这种自然会给村落生活带来危险，所以没必要改造它。那是纯粹的自然，往往存在于村落的深处；在这块区域之外，才是经过村民改造的自然与村落构成的世界。

人们从这个整体之中发现了生命的脉络。那是一条从纯粹的自然流向村落的生命之河。自然与人类都生活在这个世界中。它是自然本身，也是回归自然的"祖先"，"神"也寓居在这生命的河流中。因此，"神"一方面生活在纯粹的自然（深山、灵山）中，一方面也作为水神、山神存在于人们改造过的自然中，甚至会化身为村里的"田神""土地神"。同样的神在不同场合展现出不同的姿态，我们的祖先称其为"权现"。

村民们所处的历史中，有被智性赋形的历史，有被身体传承的历史，也有以生命传递的历史。在日本的传统社会中，个人就是在这三种历史中诞生的个体，是与三种历史密切相关的"我"。

不过，有一点不能忘记。虽然身体性的历史与生命性的历史毋庸置疑，智性的历史却免不了出错。因为人的想法难免出错。因为人类总有"私心"。正是由于"私心"的存在，才会滋生个人的欲望、个人的目标。在这些欲望、目标的影响下思考，人类就会失去纯粹，给出错误的判断。话虽如此，拥有"私心"本就是人类的属性，人类就是这样一种无法舍弃私心的"悲哀的存在"。

正是出于这种观念，人类才开始把自然视为清净之地。因为舍不掉丑恶的是人类自己。自然作为人类渴望回归的地方，与人类的祈祷同在。

六

如上所述，人们曾经生活的社会，就是这样一个能孕育出"人被狐狸骗的故事"的社会。直到1965年左右，它开始遭到破坏。高速增长带来的影响、合理性社会的形成、升学率的影响、信息传播方式的变化、都市的发达与村落的衰败……在时代经历种种剧变的过程中，村落承载的身体性的历史、生命性的历史也消耗殆尽。

历史存在于联系之中，且能通过与当下的联系再生。亦即，历史可以在与"当下的智性"的联系中再生，可以在与"当下的身体性"的联系中再生，还可以在与"当下的生命性"的联系中再生。

以 1965 年前后为界，存在于"与身体性、生命性的联系"中的历史日趋衰落，到最后，只剩智性赋形的历史日益壮大。原来那部分宏大的历史变成了"看不见的历史"。

七

说起来，从智性出发，本来就看不到与身体性、生命性相关的历史。对村民而言，那是他们亲身体验、真正感受到的历史，是他们可以接受、可以体谅的历史。

只要"与身体相关的力量"还在传承，与身体性相关的历史就不会消失，而是作为"可感的历史"继续存在。以耕地技术为例，当这种技术被传承时，跟前人一样耕作的人就能通过身体感受到某种历史。这种历史，就是"人们一直都是这样与自然共生"的感觉。与身体同在的世界，通过不间断的循环传承，成为"可以体谅的历史"。

不过，我们无法捕捉"生命性的历史"本身。所以这种历史只能依托其他事物才能被看见。

最具代表性的依托，就是"神的形态"。追根究底，与村民同在的"神"既没有形态，也没有教义。因为神的本体是自然与回归自然的祖先。它的本质是"自然而然"。以"自然而然"的模样持续存在的，就是神。因此，人们才会在神创造的世界里，发现生命流淌的世界。生命并不是依托神而存在，"自然而然"的生命之河就是神的体现。所以，只要人类能回归"自然而然"，就可以变成神。

在神与生命的世界里，除了"自然而然"一无所有。所以，这个世界只能依托于某种事物才能被看见。我认为，"神的形态"就是在这种背景下产生的结果。

神有时会变成山神、水神、田神，并显出"形态"。与此同时，这些神被人们编入各种"神的故事"，以故事"形态"广为流传。此外，人们还通过请神、祭祀的仪式"形态"，感受神的存在。有时也通过进山修行的"形态"来发现神的存在。就这样，神依托于各种事物与生命的世界重叠，与此同时，人们也逐渐理解和体谅了"生命性的历史"。

然而，生命世界依托的并不只有"神的形态"，因为生命世界里还存在更为日常的世界，也就是"村落的生命世界"。

当这种"村落的生命世界"与"神的生命世界"彼此重合，所能依托的对象，就是村民的通过仪式，村落的仪式、礼法等。这些事务一方面带有祭祀性质，一方面也带有日常事务的性质。

最后，为了呈现村落的日常生命世界，人们创造了各种各样的故事。所在村落诞生时的故事，自己的家庭、家族在当地扎根的故事，以及过世的爷爷奶奶、外公外婆的故事。

生命性的历史，只能依托于某种事物才能被人感知。

我认为，正是在这种生命性的历史能够被人感受、接受、理解的时代，人才会被狐狸骗。人被狐狸骗的故事也因此而出现。这些故事并非虚构的创作，而是有人在自然与人类的生命历史中发现了它们，讲述了它们。

而在我们的影响下，那些生命性的历史不断衰弱，已成为看不见的历史。

后记

写完才发现，我对"日本的近代化究竟是什么"的疑惑更加强烈了。针对它"是好还是坏"的价值判断就留待以后探讨吧。在此之前，我意识到，日本近代化所带来的变化尚未被厘清。

本书探讨的主题——狐狸与人类的故事——也是一样。人们为何不再被狐狸骗了？因为人类的自然观、信仰观、生死观，以及人类观都变了。换言之，塑造我们的一切要素都变了。

简单说来，就是精神文化从根源上发生了改变，但它的内涵尚未被解释清楚。也就是说，现代的我们尚未理解历史变化的内涵。除了精神文化，我们也尚不了解我们的存在本身。

从编辑部的川治丰成先生找我约稿到现在，已经快要四年了。我提笔写稿是在一年多以前。在此，首先要感谢川治先生的耐心等待。

之所以花了这么长时间，也是因为写作本书需要整理大量资料，这不是件容易的事。日本传统的自然观、生死观、人类观，无法完全用合理性来阐释，有些内容必须自己弄清楚。日本的传统精神文化世界中，还藏着许多无法用语言描述的事物。

此后，我大概会继续追踪本书的主题。历史是什么？近代史是什么？自然与人类的存在又是什么？我将带着这些疑问继续探寻，在此就暂且搁笔了。

内山节

2007 年 10 月

图字:09 - 2023 - 0534 号

图书在版编目(CIP)数据

日本人为什么不再被狐狸骗了？/（日）内山节著；熊韵译. -- 上海：上海译文出版社，2024. 10.

（译文坐标）. -- ISBN 978-7-5327-9625-0

Ⅰ. D731.38

中国国家版本馆 CIP 数据核字第 2024YJ4617 号

日本人为什么不再被狐狸骗了？

[日]内山节 著 熊 韵 译

责任编辑/薛 倩 装帧设计/胡 枫 姚 瑶

上海译文出版社有限公司出版、发行

网址：www.yiwen.com.cn

201101 上海市闵行区号景路 159 弄 B 座

启东市人民印刷有限公司印刷

开本 787×1092 1/32 印张 5.5 插页 2 字数 60,000

2024 年 10 月第 1 版 2024 年 10 月第 1 次印刷

印数：0,001—6,000 册

ISBN 978-7-5327-9625-0/C·113

定价：38.00 元

001

《买房让日本人幸福了吗？》

作者：〔日〕榊淳司　　译者：木兰

定价：38 元　　出版时间：2022 年 7 月

　　公寓楼房这一钢筋混凝土结构住宅真正开始进入日本人生活是在约六十年前，而今已成为大都市的主流住宅形态。然而，随着住户的高龄化与建筑物的老朽化，越来越多的问题开始出现，甚至在你还清房贷之前它就有可能沦为废墟。此外，周而复始的房产泡沫、郊外新建公寓十年后折价一半、高层建筑的安全隐患、缺少业委会民主监督导致物业管理者肆意侵占房屋维修基金……住房如何才能使人幸福？从业三十年的日本资深房产顾问为你解读这些鲜为人知的问题，揭开房产中介绝不愿意透露的行业机密。

002

《医疗再生——日美现场报道》

作者：〔日〕大木隆生　　译者：谭甜甜

定价：36 元　　出版时间：2022 年 7 月

　　这是一个颠覆"白色巨塔"的热血外科医生故事。

　　他孤身赴美，从无薪的实习医生成为年薪过亿的明星医生。

　　为寻回诊治同胞的心动感，他放弃高薪回国，接手了陷入绝境的母校医院外科，并在短短几年间，将日本的血管外科提升到国际先进水平。

　　日美医疗体系对比、医务人员过劳现状、医疗事故调查制度……"拯救医患关系"的改革从何而生？在本书中，你将倾听到世界级名医大木隆生从手术室现场发出的声音。

003

《"废除文科学部"的冲击》

作者：[日]吉见俊哉　　**译者：**王京、史歌

定价：38 元　　**出版时间：**2022 年 7 月

2015 年，日本国内传出文部科学省要"废除大学文科学部"的消息，一石激起千层浪，引发了社会震荡。尽管最终证明只是虚惊一场，但也让不少有识之士重新审视了日本社会长期以来重理轻文的问题，其中影响力最大的莫过于前东京大学副校长、著名社会学家吉见俊哉的这部著作。

大学只是用来培养精致的利己主义者的地方吗？18 岁、35 岁、60 岁，人生三次入大学分别能学到什么？在日新月异的未来社会中，什么样的人才不会落伍？……本书将围绕上述问题逐一回答，彻底颠覆"文科无用"的社会"常识"。

004

《吸血企业——吃垮日本的妖怪》

作者：[日]今野晴贵　　**译者：**王晓夏

定价：38 元　　**出版时间：**2022 年 7 月

在日本，人们将那些以少到让人无法规划未来的薪资和让私生活崩溃的超时劳动来压榨年轻人，并将他们"用后即弃"的无良公司称为"吸血企业"。其常见特征有：大量录用大量解雇、夸大薪资待遇、正式员工有名无实、战略性地进行职场霸凌、不支付加班费……它们不仅破坏了员工的身心健康与雇佣双方之间的信任，也向社会转嫁了成本，威胁到消费者和市场的安全，影响恶劣深远。要遏制这一现象需要全社会的共同努力。

本书是日本知名的社会学者、劳动关系专家今野晴贵的代表作，曾获 2013 年大佛次郎论坛奖和 2014 年日本劳动社会学会奖励奖。

《人类世的"资本论"》

作者：〔日〕斋藤幸平　　译者：王盈

定价：45 元　　出版时间：2023 年 6 月

85后天才经济学家斋藤幸平代表作，打破"经济增长"的魔咒，在危机时代重新发现马克思。

物种灭绝、生态污染、二氧化碳超标……现代化带来的经济增长曾许诺我们富裕，实则不断透支人类的生存资源。超富裕阶层或许还能维持奢侈，我们绝大多数平民却不得不拼命寻找活下去的方法。要在资本主义的尽头找到突破，需要回到马克思，尤其是在与生产力至上主义和欧洲中心主义诀别的马克思晚年思想中，重新发现"可持续性"和"社会平等"实现的可能性。在环境危机刻不容缓的当下，"去增长共产主义"这唯一可行的选项终于浮出水面。

《后工作时代》

作者：〔英〕菲尔·琼斯　　译者：陈广兴

定价：38 元　　出版时间：2023 年 8 月

比"狗屁工作"更可怕的，是"工作"本身的分崩离析！

从无人驾驶汽车到图像搜索，数字经济突飞猛进的背后，是少有人知的暗箱劳动——处理大量数据不是 AI，而是通过网络远程接单的贫困人口。系统不再创造有发展前景的新工作机会，也不再推动生产力进步。廉价的人类劳工变成人工智能的末端，从事最枯燥重复的外包工作，还得不到正式聘用的保障。本应照亮我们世界的工具正在将我们扔进技术引发的新的蒙昧之中，并最终陷入野蛮状态。

我们是如何走到今天这一步的？如何才能阻止终极噩梦的降临？

007

《没有面目的人》

作者：[美] 理查德·桑内特　　译者：周悟拿

定价：42 元　　出版时间：2023 年 11 月

讲究个人品格、相信工作的意义、不断提高技艺并成为不可替代的行家已经是上一代的传说。而在心浮气躁、只顾眼前的现代社会中，"谁需要我"成了一个受到巨大挑战的问题。现代资本主义散发着冷冰冰的气息，对人们的努力无动于衷。每个人都被设计成可以被替代的，也因此没有任何理由被需要。在这个让我们漂浮不定的资本主义制度中，如何找回我们对工作的掌控权？

与阿伦特、哈贝马斯齐名的公共生活研究者桑内特与你一起探讨打工人的困境与出路。

《日本人为什么不再被狐狸骗了？》

作者：[日] 内山节　　译者：熊韵

定价：38 元　　出版时间：2024 年 10 月

过去，日本凡有狐狸栖居的地方，必然流传着许多"狐狸骗人"的故事，然而以 1965 年为界，此类故事突然销声匿迹了。这是为什么呢？

人会被狐狸骗的时代究竟是什么样的？那时的人拥有怎样的精神世界，又是如何在与自然的交流中度日？身处现代的我们也许已经无法想象了。从何时起，我们再也听不到"自然"的声音了？是"狐狸"变了，还是"人"变了？在不断拷问"为何不再被狐狸骗了"的过程中，我们得以从一般的历史学出发，深入往日的人与自然的交流史和民众的精神史，重新捕捉那些"看不见的历史"。